CB015174

os
SatyroS

os SatyroS

Aimar Labaki

Germano Pereira

imprensaoficial

Se as crenças são um engodo,
Se falha o verbo da fé,
Se o homem se acaba todo
Com a matéria que ele é,

Se o coração nada aspira,
Se este bater é mentiroso,
Se além não há desfrutar,
Da vida a idéia suprema,
O grande, o sábio problema
É viver muito e gozar...

Tobias Barreto[1]
In Dias e noites, 1881

Recorro com prazer a Tobias Barreto, poeta sergipano que concorria com seu contemporâneo, outro grande poeta – Antônio de Castro Alves – para, nesta apresentação, expressar-me sobre o grupo teatral Satyros.

A denominação do grupo nos remete à mitologia grega, na qual Sátiros eram semideuses dos bosques. Em parte humanos, em parte animais, tinham chifres curtos, orelhas pontiagudas, patas de bode, uma pequena cauda e nas mãos uma taça, um bastão ou um instrumento musical. Os sátiros jovens costumavam ser maliciosos e elegantes. Seguiam os deuses maiores, Pã e Dionísio. Eram irmãos das Ninfas e foram associados ao culto de Baco. Na mitologia grega eram também sinônimo de Sileno, que possuía grande sabedoria, mas apenas sob o efeito do vinho dizia a verdade. Dizem que Sileno educou Díonisio (Baco).

"Epicurismo", de Tobias Barreto parece-me acomodar-se com perfeição à "satyriana" escolha desse grupo teatral que completou 20 anos.

Seus diretores, atores, cenógrafos, trabalham com notável homogeneidade, emprenhados do espírito dionisíaco que os vem caracterizando: espetáculos cênicos de natureza desinibida, espontânea, instintiva. Entregam-se ao palco com vibração, entusiasmo e arrebatamento. Sacodem a poeira do teatro tradicional, revisitando velhos temas e modernizando-os.

No entanto, não renovaram apenas nossa dramaturgia, mas inventaram jeito novo e desabrido de fazer teatro. Também importante e significativo, é que acabaram por renovar uma área central da cidade, que nos anos 1960-1970 teve vida e luz próprias, decorrente de seus cinemas, bares, mercados, livrarias, feiras de livros, circos, e mesmo leituras teatrais e ginástica coletiva ao ar livre.

Os Satyros acordaram a praça Roosevelt de seu abandono e do sono empoeirado. Isso nos faz crer que é possível remodelar e renovar esta cidade que tanto amamos, devolvendo a ela funções que perdeu – principalmente em sua área central. Para tanto desejamos longa vida ao grupo teatral Os Satyros. Que sua práxis teatral contribua para a qualificação de nossa cidade, servindo de exemplo para a ampliação de nossa vida cultural.

Hubert Alquéres
editor

If beliefs are a lure,
If the word faith should fail,
If man should destroy himself completely
With the material that he is,

> *If the heart no longer desires,*
> *If this beating is merely a lie,*
> *If beyond there is nothing to enjoy,*
> *Of life the supreme idea,*
> *The great, the wise problem*
> *Is to live too much and enjoy...*
>
> Tobias Barreto[1]
> In *Dias e noites*, 1881

It is with great pleasure that I call on Tobias Barreto, the poet from Sergipe whom I chose over his contemporary, another great poet – Antônio de Castro Alves – to express myself in this presentation regarding the theater group Os Satyros.

The name of the groups recalls Greek mythology, in which the satyrs were demigods of the woodlands. Part human and part animal, they had short horns, pointed ears, goat hooves, small tails and carried in their hands a small chalice, a cudgel or musical instrument. The young satyrs were often both malicious and elegant. They accompanied the greater gods, Pan and Dionysus. They were kin of Nymphs and were associated to the cult of Bacchus. In Greek mythology, they were also synonymous with Silenus, who was endowed with great wisdom, but who only spoke the truth under the influence of wine. It is said that Silenus instructed Dionysus (Bacchus).

"Epicurismo", by Tobias Barreto seems to me to perfectly suite the "satyrian" choice of this theater group that is celebrating 20 years of performances.

Its directors, actors, scenographers, all work with noted homogeneity, invested with the Dionysiac spirit we see them portray: scenic performances of an uninhibited, spontaneous and instinctive nature. They hand themselves over to the stage with thrilling enthusiasm and ecstasy. They brush away the dust of traditional theater, revisiting old themes and modernizing them.

However, they don't merely renovate our dramaturgy, but rather invent a new and blunt manner of performing theater. Another important and significant point is that they ended up renovating a central area of the city, which in the 1960s and 1970s had its own life and lights, filled with cinemas, bars, markets, bookstores, book fairs, circuses, and even theatrical readings and open air artistic group gymnastics.

Os Satyros roused Praça Roosevelt from its abandon and dusty slumber. This helped us believe once again that it is possible to remold and renovate this city we love so, giving it functions again that were lost – especially in its central region. Thus, we wish Os Satyros theater group a long life. May their theatrical praxis contribute to an improvement in our city, serving as an example for the expansion of our cultural life.

Hubert Alquéres
publisher

1 "Epicurismo", in *Dias e noites*, org. de Luiz Antonio Barreto, introdução e notas de Jackson da Silva Lima, 7ª edição revista e ampliada, Rio de Janeiro: Record; Brasília, INL, 1989

1 "Epicurismo", in **Dias e noites**, org. by Luiz Antonio Barreto, introduction and notes by Jackson da Silva Lima, 7th edition reviewed and expanded, Rio de Janeiro: Record; Brasília, INL, 1989.

Satyros

Aimar Labaki

Esse livro é um espetáculo. Em mais de um sentido. É possível percorrê-lo como numa instalação – reagindo, sentindo e pensando, não necessariamente nesta ordem. No conjunto, as fotos também remetem a um Festival, o melhor do mundo reunido em poucos dias num mesmo lugar. E, na sequencia de autores, de Qorpo Santo e Sade até chegar em Reinaldo Monteiro e... Sade – um passeio pelo pensamento ocidental, dos primórdios da modernidade aos indefiníveis dias atuais.

Desde o início da redemocratização, os grupos voltaram a protagonizar o movimento teatral. Há, é claro, talentos e espetáculos isolados - comerciais ou não - de excepcional qualidade, artistas cujas trajetórias não se confundem com a de nenhum coletivo; no entanto, em São Paulo, grupos como Oficina, Teatro da Vertigem, Cia. Livre, Cia. do Latão e Folias D'Arte são a referência estética e política.

Dentre eles, Os Satyros se sobressaem por seu papel aglutinador de gentes, grupos, tendências. E por espetáculos que não encontram paralelo em nenhuma outra produção contemporânea.

Essa singularidade estética decorre, é claro, da personalidade e talento de seus dois protagonistas: Rodolfo Garcia Vásquez e Ivam Cabral.

Rodolfo é encenador da tribo de José Celso Martinez Correa. Em seu trabalho coexistem o aliciador e fomentador de talentos (isto é, o pedagogo) e o esteta da cena. Não trabalha com a cena ideal a ser esculpida a ferro e fogo nos corpos dos atores, mas sim com a vida transmutada numa fogueira cujas achas são os desejos de todos os envolvidos. E , no entanto, espetáculo pronto, o dionisíaco parece apolíneo! A cena, limpa, parece geométrica e racionalmente criada. A encenação de Rodolfo é produto da tensão entre a pulsão e a razão (e tantos "ãos" se justificam pela precisão). Sem pretender ser uma solução para sua contradição estrutural. É a mais dialética: deixa a síntese para o espectador.

Satyros

This book is a show. In more than one sense. You can explore it like an installation – reacting, feeling and thinking – and not necessarily in that order. As a whole, the photos also remind one of a Festival, the world's best brought together for a few days in the same place. In its choice of authors, from Qorpo Santo to Sade, all the way to Reinaldo Monteiro and... Sade – it is a stroll through western thought, from the first moments of modernism to the indefinable current period.

Since the start of Brazilian redemocratization, companies have returned to the center of the theater movement. There are, of course, isolated talents and shows – commercial or not – of exceptional quality, artists whose careers are not confused with those of any collective; however, in São Paulo groups like Oficina, Teatro da Vertigem, Cia. Livre, Cia. do Latão and Folias D'Arte are esthetic and political points of reference.

Among them, Os Satyros stands out for their role in bringing together people, groups and trends. And for shows that are unparalleled by other contemporary productions.

This esthetic singularity, of course, results from the personality and talent of its two protagonists: Rodolfo García Vázquez and Ivam Cabral.

Rodolfo is the director of José Celso Martinez Correa's tribe. In his work, the educator - through talent attraction and development – and the scene aesthetician coexist. He does not work with the ideal scene, to be sculpted with iron and fire into the actors' bodies. He works with life, transmuted in a bonfire, whose flames are the desires of everyone involved. And nevertheless, when the show is ready, the Dionysiac appears Apollonian! The scene, clean, appears geometrically and rationally created. Rodolfo's staging is the product of the tension between pulsion and reason. Without attempting to be a solution for its structural contradiction. It is the most dialectic: it leaves synthesis up to the spectator.

Ivam Cabral, ator excepcional, transborda seu talento para outras áreas – é também dramaturgo, diretor, trilheiro, agitador cultural – e ainda encontra tempo para ser a cara do grupo: sua estrela, advogado, garoto-propaganda, cara pública, coringa.

A escolha de textos dos Satyros é irretocável. No entanto, clássicos e contemporâneos, literatura, drama e poesia, tudo é reescrito literalmente. Não se trata da pós-moderna escritura cênica, mas de um trabalho propriamente dramatúrgico feito por Rodolfo e Ivam, às vezes em dupla, às vezes em solo, sempre em sintonia com o desejo de encontrar a palavra que melhor materialize a cena da vida na vida da cena.

O conjunto de imagens que aqui se folheia alcança o mesmo efeito de um espetáculo do grupo. Terminado o percurso, na fresta entre o pensar e o sentir, sente-se a necessidade de retornar à cena – do crime, do jogo, da pulsão – para ressignificar o que se assistiu.

São imagens gélidas de corpos nus, imagens sensualíssimas de corpos cobertos até o rosto; imagens políticas de jogos infantis e pueris imagens de jogos de poder; dores claríssimas e gozos obscuros.

Há uma tal coerência no conjunto, que todas as fotos parecem registros feitos este mesmo ano, no inacreditavelmente exíguo Espaço dos Satyros – e, no entanto, são duas décadas, entre São Paulo, Curitiba, Europa e Latino-américa que estão aqui condensada.

Condensação: eis talvez a chave da poética dos Satyros. Da tradição paulistana de diálogo entre as artes (não à toa o Tropicalismo, se não nasceu aqui, aqui floresceu) e da boemia socialmente hetorogênea o grupo tirou o tom para a reurbanização/recivilização da Praça Rooselvet. Da lógica dos sonhos, tirou uma construção cênica que faz do desejo motor, e da imagem, síntese.

Ivam Cabral is an exceptional actor whose talent spills over into other areas – he is also a playwright, director, trailblazer and cultural agitator – and he still finds time to be the group's public face: its star, lawyer, posterboy, spokesperson and wild card.

Os Satyros' choice of texts is impeccable. Nevertheless – classic and contemporary literature, drama and poetry – it is all literally rewritten. This is no post-modern theater adaptation, but true playwriting work done by Rodolfo and Ivam, at times together, at times on their own, but always in tune with the desire to find the word that best materializes the stage of life in the life of the stage.

The set of images you leaf through here achieves the same effect as a show by the company. At the end of the journey, in the gap between thinking and feeling, one feels the need to return to the scene – of the crime, the game, the pulsion – to resignify what you witnessed.

There are icy images of nude bodies, extremely sensual images of bodies covered up to their faces; political images of children's games and puerile images of power games; crystal clear pain and obscure pleasures.

There is a certain coherence to the whole – all the photos appear to be a record of just one year in the *Satyros'* unbelievably tiny space – and nevertheless, there are two decades spent in São Paulo, Curitiba, Europe and Latin America condensed on these pages.

Condensation: this is perhaps the key to the *Satyros'* poetics. From São Paulo's tradition of a dialogue between the arts (it is no coincidence that, even if Tropicalism was not born there, it at least flourished there) and of a socially heterogeneous bohemia, the company set the tone for the reurbanization/recivilization of Roosevelt Square. From the logic of dreams, it took a stage construction that makes desire an engine, and image, synthesis.

Tropicalism might be the other key. These photos bear traces of Hélio Oiticica, Caetano Veloso, Glauber Rocha and of the *Oficina* of the 1960s.

Tropicalismo talvez seja a outra chave. Essas fotos trazem ecos de Hélio Oiticica, Caetano Veloso, Glauber Rocha e do Oficina dos anos 1960.

A segunda floração do Oficina, a que teve início com o "As Boas" e "Hamlet", significou uma guinada na trajetória de José Celso Martinez Corrêa, que se transmutou num criador em cuja obra a síntese entre o Living Theater e Bob Wilson já estava feita.

Rodolfo García Vasquéz parece ter começado naquela encruzilhada e escolhido outro caminho. Várias imagens deste livro, sem as respectivas legendas, poderiam se referir a remontagens do "Rei da Vela", "Roda Viva" ou "Na Selva das Cidades". Ele continua a praticar a antropofagia oswaldiana – mas, dessa vez, com o rigor do outro Andrade. Um Oswald sem as amarras do compromisso ideológico. Ou , se preferir, um Mário sexual-mente resolvido e com uma compreensão mais contemporânea da questão do nacional.

Por outro lado, as personagens em cena remetem ao povo que só chegou ao palco por que Guarnieri, Vianinha e Plínio Marcos abriram as portas: travestis, palhaços, seres sexualmente predados – o lúpen, o jovem, o artista. É como se a dramaturgia da geração que surgiu nos 1960 encontrasse eco num encenador pós-moderno. Plínio Marcos, Zé Vicente, Antônio Bivar, Mário Prata, Isabel Câmera, Consuelo de Castro encenados por Victor Garcia – e não por Adolfo Celi!

Este livro, como todo teatro, é feito de atores. Os mais presentes são a cara dos Satyros desde os primórdios: Ivam Cabral e a bela e intensa Silvanah Santos. Também muito constantes, ainda que mais recentes no grupo, Cléo de Paris e Germano Pereira emprestam uma sensualidade e um talento contemporâneos ao cadinho. Atrizes emblemáticas fazem o elo com a grande rebelião dos anos 1960: Irene Stefânia, Norma Bengel, Helena Ignez.

The second flowering of the *Oficina*, which began with "*As Boas*" and "*Hamlet*", represented a great change in the career of José Celso Martinez Correa, who transformed himself into a creator in whose work the synthesis between Living Theater and Bob Wilson was already present.

Rodolfo García Vázquez appears to have begun at that crossroads and chosen another path. Several images in this book, without their respective captions, could easily refer to productions of "*Rei da Vela*", "*Roda Viva*" or "*Na Selva das Cidades*". He continues to practice Oswaldian (reference to Oswald de Andrade, Brazilian author who coined the term "anthropophagy") anthropophagy, but this time with the rigor of the other Andrade (reference to Mário de Andrade, another Brazilian author). An Oswald without the ties of ideological commitment. Or, if you prefer, a sexually resolved Mário with a more contemporary understanding of the question of the national.

On the other hand, the characters on stage refer back to people who only arrived on stage because Guarnieri, Vianinha and Plínio Marcos opened the door to them: Crossdressers, clowns, sexually hunted beings – the lumpenproletariat, young people, artists. It is as if the theater of the generation that appeared in the 1960s found its echo in a post-modern director. Plínio Marcos, Zé Vicente, Antonio Bivar, Mário Prata, Isabel Câmera, Consuelo de Castro directed by Victor Garcia – not by Adolfo Celi!

This book, like all theater, is the product of actors. The most present have been the face of *Satyros* since the beginning: Ivam Cabral and the beautiful and intense Silvanah Santos. Also very constant, although more recent additions to the group, Cléo De Páris and Germano Pereira bring sensuality and contemporary talent to the melting pot. Emblematic actresses create the link with the great rebellion of the 1960s: Irene Stefania, Norma Bengel, and Helena Ignez.

But the protagonists, the face of the *Satyros*, the faces and bodies in the photos and on the stage that confer them identity are two young people who, only by chance happen to be the ensemble's most elderly members: Phedra D. Córdoba and Alberto Guzik.

Mas os protagonistas, a cara dos Satyros, os rostos e corpos que nas fotos e no palco lhes conferem identidade são dois jovens que, por acaso, são os mais idosos do *ensemble*: Phedra D. Córdoba e Alberto Guzik.

Phedra saiu das páginas de Nelson Rodrigues e Plínio Marcos; uma estrela *underground* do porte de Maria Alice Vergueiro e Renée Gumiel. Guzik é intelectual de primeira linha, lídimo herdeiro de Décio de Almeida Prado e Sábato Magaldi, que se revelou ótimo romancista e contista. Inusitada dupla, condensação perfeita de duas tradições do teatro brasileiro.

Ambos reinventaram-se após a chamada meia-idade. Desabrocharam como artistas no momento em que a aposentadoria pareceria compulsória. Dão, em suas atuações personalíssimas, o testemunho de quão transformador pode ser o teatro quando nele se mergulha apenas com a generosidade de deixar na coxia as roupas cotidianas e os preconceitos e depositar no centro do palco toda a experiência de uma vida real, com "toda a dor e delícia de ser o que é".

"Os Satyros" dialogam com a *pólis* de maneira inédita – do governador aos "fora da lei", elementos de todo o tecido social de São Paulo hoje influem e são influenciados por esse coletivo. Este livro é apenas uma polaroide desse diálogo. Para um raio X profundo seria necessário desenterrar o coração da Lopes Chaves e espalhá-lo, durante uma madrugada de sábado para domingo, numa trilha que começa na refundada Praça Roosevelt, sobe a revitalizada Rua Augusta e escala as antenas do espigão da Paulista para enxergar as naus que insistem em tentar desembarcar lá pros lados de São Vicente.

O teatro d' "Os Satyros" não é apenas veloz. Ele é imortal. Como todo teatro. A prova está nestas páginas – e em nossa vida e memória.

Phedra comes straight out of the pages of Nelson Rodrigues and Plínio Marcos; an underground star of the notoriety of Maria Alice Vergueiro and Renée Gumiel. Guzik is a great intellectual, legitimate heir of Décio de Almeida Prado and Sábato Magaldi, who has revealed himself to be an excellent novelist and storyteller. An unusual duo, the perfect combination of two traditions of Brazilian theater.

Both reinvented themselves after reaching what is called "middle age". They blossomed as artists at a time when retirement might have seemed compulsory. In their extremely personal acting, they give testimony to just how transforming theater can be when it practices the generosity of leaving behind everyday clothing and prejudices backstage, placing all the experience of a real life on center stage, with "all the pain and pleasure of being who you are."

Os Satyros dialogues with the polis in a new way – from the governor all the way to the "outlaws". Elements of São Paulo's entire social fabric now influence and are influenced by this collective. This book is just a Polaroid snapshot of this dialogue. For a deeper X-ray, it would be necessary to unearth Lopes Chaves' heart and spread it before dawn on Sunday, on a trail that begins at the renovated Roosevelt Square, moving up revitalized Augusta Street and scaling the antennas of a skyscraper on Paulista Avenue to gaze the ships that insist on trying to disembark way over there in São Vicente.

The theater of "*Os Satyros*" is not only fast. It is immortal. Like all theater. The proof is on these pages – and in our lives and memories.

Uma viagem da imaginação pelas veredas dos Satyros

Germano Pereira

Este, evidentemente, é um livro. Mas não como outros. Ao menos, eu não creio que seja como outros. Faço uma sugestão: não comece pelo fim, como tem gente que gosta de fazer. Nem pelo começo, como seria lógico. Abra o volume ao acaso, em qualquer página, e deixe-se conduzir pela foto impressa ali. Mergulhe por inteiro. Atire-se de cabeça, com emoção. Desvie então o olhar. Não foque mais a imagem registrada na folha do livro. Fixe os olhos em algo que esteja a sua frente, uma parede vazia, um pedaço de papel em branco. E, por meio de um exercício de memória, recorde a foto que acabou de ver. Estou certo de que, mesmo com o livro fechado, a imagem estará ali, em sua imagem/ação, isto é, em sua imaginação.

Regresse ao livro, outra página, outra imagem. Perceba sua forma, sua posição, o brilho da sua cor, a intensidade do ator retratado, o movimento que ele executa. Tente adivinhar o texto que ele está dizendo. Ou não. Investigue, por exemplo, o jogo de luz e sombra proposto pelo encenador. Você pode também preferir contemplar a imagem, nada mais que isso. As possibilidades de fruição do material contido nestas páginas são ilimitadas.

Esse é o jogo. O livro que você tem nas mãos foi concebido com uma partitura de emoções que narra a "biofotografia" dos 20 anos da Cia. de Teatro Os Satyros através dos registros imagéticos dos espetáculos produzidos por essa trupe teatral. Como se trata de um livro de fotos, sem textos que as expliquem, o "leitor" (transformado neste caso em "espectador", naquele que olha) encontra aqui uma ótima oportunidade para apreciar este volume enquanto obra de arte.

Como toda obra que se coloca nessa perspectiva, o livro apresenta esses conteúdos de modo multiforme, resultado dos olhares dos inúmeros e ótimos fotógrafos que captaram as cenas aqui registradas. As fotos se traduzem em contundentes imagens, que oferecem múltiplas expressões da arte do teatro. E acabam por se transformar não apenas em registros, em documentos, mas em expressões de arte por direito próprio. Teatro é emoção, conhecimento, cultura, criação. Ele nos toca de inúmeras maneiras. Buscamos reproduzir no livro exatamente esse viés.

A journey of the imagination through the corridors of os Satyros

This, obviously, is a book. However, one unlike others. At least, I don't believe it to be like others. Let me suggest one thing: do not begin at the end, as some like to do. Nor at the begin, as would be logical. Rather, open it randomly, on any page, and be carried away by the photo printed there. Dive in headfirst. With emotion. Then look away. Don't focus any longer on the image recorded on the page of the book. Fix your gaze on something in front of you, an empty wall, a blank sheet of a paper. And, through an exercise of memory, recall the photo you have just seen. I am certain that, even with the book closed, the image will be there, in your image/action, that is, in your imagination.

Go back to the book, to another page, another image. Notice its form, its position, the brilliance of its color, the intensity of the portrayed actor, the movement being executed. Try to image the text being performed. Or not. Study, for example, the play of light and shadow produced by the stage director. You may prefer to do nothing more than contemplate the image. The possibilities for enjoying the material held within these pages are limitless.

This is the game. The book you have in your hands was conceived with a score of emotions that narrate the "biophotography" of 20 years of the Cia. de Teatro Os Satyros through photographic records of the performances produced by this theatrical troupe. As we are dealing with a book of photographs, without explanatory texts, in which the "reader" (transformed in the case into a "spectator", one who views) will find an excellent opportunity to appreciate this volume as a work of art.

As with every piece of art placed in this perspective, the book presents this content in a manifold form, a result of the views of the innumerous and talented photographers that captures the scenes held here within. The photos translate as forceful images, which offer multiple expressions of the art of theater. And end up becoming not only records, or documents, but rather expressions of art in their own right. Theater is emotion, knowledge, culture and creation. It touches us in countless ways. And we strive to accurately reproduce this tone in the book.

O volume que o "leitor", ou melhor, o "espectador", tem em mãos é fruto de 20 anos de estrada. Quem acompanha a companhia teatral de modo regular, ou assistiu a alguns espetáculos por ela produzidos, terá a oportunidade de rever fragmentos de cenas, de peças. Recuperará ou vislumbrará momentos que devem ser completados por meio da imaginação e das sensações de cada um. Para aqueles que ainda não tiveram a oportunidade de ver ao vivo uma montagem dos Satyros, que não sentiram na pele as emoções que transbordam das montagens encenadas pelo grupo, o livro oferece excelentes motivos e estímulos para que o "leitor" desta obra se transforme em um visitante dos dois teatros em que a trupe desenvolve suas atividades, ambos na Praça Roosevelt, em São Paulo.

Qual a perspectiva deste livro satyriano? A lógica, a moral, a crítica, a política, como diria o filósofo e historiador escocês David Hume, em relação a toda possibilidade de conhecimento humano. Não se encontra aqui a teoria, mas sim o experimento da arte nos palcos, com o objetivo de revelar, página após página, aquilo que está implícito nesta criação. Cada centímetro foi cuidadosamente elaborado para que o saboreiem de forma lenta, sem pressa. Do modo como Nietzsche nos ensina a ler e incorporar a informação: "De todo escrito, só nos aprazemos com aquilo que uma pessoa escreveu com sangue. Escreva com sangue e aprenderemos que o sangue é o espírito."

Este livro registra com suas fotografias o trajeto de um grupo que lutou e continua lutando pela resistência do homem tanto no teatro quanto na realidade. Ele não poderia ser pensado de outra maneira. Foi necessário que preservássemos esse espírito neste projeto editorial. Imprimimos na página branca a efemeridade do teatro, que na sua essência diz respeito ao acontecimento concreto. É a efemeridade que não se registra numa película em movimento, como é o caso da imortalidade do cinema, mas na memória, na imaginação e na recordação das sensações de cada integrante do público. O livro transcende a memória viva e de algum modo a imortaliza, atingindo seu estatuto de "biofotografia".

Para isso elaboramos uma escrita visual, que tem como principal objetivo realçar a essência de cada montagem. Inicialmente, pensamos em instigar o leitor e trabalhar cada produção com a indicação de sentimentos que a

The volume that the "reader", or better still, the "spectator", has in hand is fruit of 20 years on the road. Those who regularly follow the company's work, or have watched some of their performances, will have the opportunity to look back at fragments of scenes, of presentations. They will be able to recall or envision moments that should be seen through the imagination and the sensations of each one. For those who have not yet had the opportunity to see a live performance by Os Satyros, those who are yet to feel the raw emotions that flow through the productions staged by the group, the book offers an excellent motive and encouragement for the "reader" to visit the two theaters that play home to the troupe, both in Praça Roosevelt (Roosevelt Square), in São Paulo.

What is the expectation of this Satyriano book? Logic, morals, criticism, politics, as Scottish philosopher and historian David Hume would say, in relation to the entire possibility of human knowledge. Theory will not be found here, but rather the experiment of art on stage, with the goal of revealing, page after page, that which is implicit in this creation. Each centimeter was painstakingly developed so that it could be appreciated slowly, unrushed. The way Nietzsche teaches us to read and incorporate information: "Of all that is written, we love only what a person has written with his blood. Write with blood and we will find that blood is spirit".

Through photographs, this book records the career of a group that fought and continues fighting for the endurance of man both in theater and reality. It could not be thought of in any other manner. It was necessary for us to preserve this spirit in this editorial project. On a blank page we printed the fleetingness of theater, which in its very essence referrers to concrete events. It is fleetingness that is not registered on moving film, as is the case of the immortality of cinema, but rather in memory, in imagination and the recollection of each member of the public's feelings. The book transcends live memory and it immortalizes it in a sense, achieving its status of "biophotography".

It was for this reason that we developed a visual text, the main objective of which is to highlight the essence of each performance. We initially thought of inciting the reader and develop each production with the indication of feelings it represented. This would be the sequence guide of images for each piece. For example, Romeo and Juliet, in the first

representassem. Esse seria o guia da sequência de imagens de cada peça. Por exemplo, *Romeu e Julieta*, numa primeira leitura, é um espetáculo criado a partir de uma peça que conta a história trágica de um casal apaixonado. Mas, contrapondo-se a isso, a montagem, assim como a peça de William Shakespeare, retrata algo primordial: a questão do ódio entre as famílias dos jovens.

No entanto, a obra também representa, para o grupo, a consciência do ódio que barra o livre acesso ao entendimento do campo da paixão. Ou a manipulação do destino através de mentiras e preconceitos, e assim por diante. O leitor iria encontrar aqui essa amarração, que não seria linear nem óbvia, e deveria ser interpretada, questionada, como o espectador interpreta e questiona um espetáculo teatral a que assiste. Isso levaria o público a percorrer estas páginas e a concluir por si mesmo que as fotos aqui impressas têm um impacto não só visual, mas reflexivo e emocional. Outra possibilidade seria a divisão do livro em etapas: a fase inicial, a época Heroica, Europa, São Paulo, Curitiba, o megafestival que são as Satyrianas...

Porém, no fim das contas, optamos por um jogo mais sutil. Que preza o minimalismo. Que prima pela pluralidade. Assim, nossa "escrita" está no modo como estas imagens foram articuladas, no particular e no geral. Como se diz em teatro, o ator não diz o subtexto. O que está em jogo na edição deste livro é aquilo que se encontra implícito nas produções. O leitor vai se deparar com fusões de imagens, reposicionamentos, *layouts* das fontes e respiros. Colocamos uns poucos e pequenos textos que, esperamos, irão incitar e guiar o leitor a atingir uma perspectiva geral da incrível trajetória desse grupo. Para isso, foram agregados às imagens excertos de críticas e outros documentos que pontuam o mar de imagens que ocupam estas páginas.

Queremos também que cada leitor pense e elabore suas interpretações sobre o que está vendo. Mas esse jogo tem que servir como indicação de análise, não como imposição. Optamos por uma edição limpa. Essa proposta dará mais tempero à "leitura". No fundo, este volume pretende ser um jogo de interpretação daquilo que determinada imagem representa, em contraponto com o que o leitor conhece, ou não, daquela obra teatral específica.

reading, is a performance created from a piece that tells the tragic tale of a couple in love. But, in contrary to this, the performance, just like the piece by William Shakespeare, portrays something primordial: the question of hate between the families of the two youths.

However, to the group the piece also represents the consciousness of hate that bars free access to understanding the word of passion. Or the manipulation of destiny through lies and prejudice, and so on. The reader would find this fetter here, which would not be linear nor obvious, and which would need to be interpreted, questioned, as a spectator interprets and questions a theatrical performance being watched. This would lead the public through these pages, allowing them to conclude that the photographs printed here not only have a visual impact, but a reflective and emotional one too. Another possibility would have been to divide the book into stages: the initial stage, the Heroic, Europe, São Paulo, and Curitiba periods, the mega festival that are the *Satyrianas*...

However, at the end, we decide on a subtler approach. Something that appreciates minimalism. That stands out through plurality. Thus, our "text" is expressed through the way these images were articulated, specifically and generally. As they say in theater, the actor doesn't say the subtext. What is at stake in editing this book is that which can be found unspoken in the productions. The reader will come upon fusions of images, repositionings, layouts of fonts and breaths of air. We have added a few small texts that, we hope, will incite and guide the reader to reach a general perspective of this group's incredible journey. For this reason, added to the images are excerpts of reviews and other documents, which punctuate the sea of images that fill the pages.

We also want each reader to reflect on and develop their interpretations on what they are seeing. But this game has to serve as an indication of analysis, and not as imposition. We chose a clean publication. This proposal will add more spice to the "reading". At the very base of it, this volume is intended as a game of interpretation of that which the specific image represents, contrary to what the reader knows, or not, of that specific theatrical piece.

Tudo começou em 1989 com o encontro de dois jovens, o diretor paulista Rodolfo García Vázquez e o ator paranaense Ivam Cabral, que tinham um mesmo sonho. Formou-se o grupo. De lá para cá, foram produzidos mais de 50 espetáculos. A trupe viajou o mundo. Apresentou-se na Alemanha e em Cuba, na França e em Portugal, na Espanha, na Ucrânia, na Inglaterra... Revelou autores, atores, técnicos. Enfrentou a censura. Realizou oficinas e dedicou-se ao ensino das artes do palco. Rompeu tabus. E fez escola. O grupo nunca se preocupou em escolher o caminho mais fácil ou em correr atrás de sucessos de bilheteria.

O fundamental era plantar sementes, fomentar a criação de plateias, abrir espaços. E principalmente provar que teatro também se aprende na escola. Que não basta divertir e informar. É preciso formar. Nas duas décadas de estrada, Os Satyros reuniram centenas de fotos extremamente expressivas, contundentes. Difícil nessa tarefa foi selecionar as fotos, capturadas por habilíssimos profissionais, que estão impressas neste livro, para contar da melhor forma a história visual da companhia. Acredito que aqui está contida, da forma mais exata possível, o que a companhia representa enquanto imagem que traduz um pensamento de prática e de ação que já dura 20 anos.

Faço parte da Companhia de Teatro Os Satyros há pouco mais de uma década. Ou seja, acompanhei a metade do caminho percorrido. E nesse período pude compreender na pele o que representa a teoria do grupo: o "teatro veloz". Que não é propriamente uma teoria, mas uma experiência, uma conexão com aquilo que acontece no nosso momento, aquilo que nos cerca. Seres com antenas sensíveis, criando e recriando o seu tempo. A velocidade desse teatro vem disso, dessa recusa da alienação, dessa conexão com aquilo que é urgente em nosso entorno. Instiga a recusa da indiferença. Por isso, este volume faz um *link* com a essência do grupo. Traz aquilo que há de mais moderno em editoração.

Aqueles que procuram um relato detalhado sobre a história da companhia podem encontrar tais informações na obra de outro integrante do grupo, o ator, escritor, professor e crítico Alberto Guzik, que recolheu depoimentos de Rodolfo e Ivam, nos quais os dois relataram as peripécias da trupe. O título dessa obra é *Cia. de Teatro Os Satyros: Um Palco Visceral*, publicada pela Coleção Aplauso, da Imprensa Oficial do Estado de São Paulo.

Everything began in 1989 with the meeting of two youths, São Paulo based director Rodolfo García Vázquez and Paraná born actor Ivam Cabral, who shared the same dream. The group was formed. From then to now, more than 50 plays have been produced. The troupe has travelled around the world. It has performed in Germany and in Cuba, in France and Portugal, in Spain, in Ukraine, in England... It has fostered authors, actors, technicians. It has faced censorship. It has organized workshops and dedicated itself to teaching the arts of the stage. It has shattered taboos. And set standards. The group was never concerned with choosing the easiest route or in chasing box office success.

It was fundamental to plant seeds, foster the creation of audiences, open doors. And, most of all, prove that theater can also be learnt at school. That it's not enough to have fun and inform. It is also necessary to form. On the two decades on the road, *Os Satyros* have gather hundreds of extremely expressive and forceful photographs. The hard part of this task was selecting the shots, captured by talented professionals, printed in this book, to tell the visual tale of this company in the best possible way. I truly believe that these pages hold, in the most accurate form possible, what the company represents in terms of images that translate a thought of practice and of action that has lasted for 20 years.

I have been part of *Companhia de Teatro Os Satyros* for a little over ten years. That is, I have accompanied half of the course already run. And during this period I felt in my skin what the group's theory represents: "teatro veloz", or fast theater. Which isn't actually a theory, but an experience, a connection with that which happens in our time, that which surrounds us. Beings with sensitive antennae, creating and recreating their time. The speed of this theater comes from this, this refusal of alienation, this connection with that which is urgent in our surroundings. It instigates the refusal of indifference. Thus, this volume creates a link with the essence of the group. It brings with it the most modern there is in publishing.

Those looking for a detailed report on the history of the company can find such information in the work of another member of the group, actor, author, teacher and critic Alberto Guzik, who has gathered statements from Rodolfo and Ivam, in which the duo relate the adventures of the group. The title of this work is *Cia. de Teatro Os Satyros: Um Palco Visceral*, published by *Coleção Aplauso*, from *Imprensa Oficial* from *Estado de São Paulo*.

No final deste volume está registrada e catalogada a cronologia completa de todos os espetáculos dos Satyros. É conhecida a carência que encontramos nas fichas técnicas de montagens. Nem sempre se registram os nomes de todos os participantes de um espetáculo. Isso ocorre nos livros, nos programas e cartazes de teatro, para não falar nos jornais e na mídia em geral. Tende-se a simplificar ou privilegiar os protagonistas de uma produção. Buscamos o caminho oposto. Fica aqui registrada a relação completa de todas as encenações do grupo, listando diretores, atores, técnicos, cenógrafos, fotógrafos, etc. Procuramos fazer a relação completa de todas as pessoas que integraram cada espetáculo. Essa é a nossa homenagem, nosso agradecimento e reconhecimento a todos os que ajudaram a construir a história dos Satyros.

Esperamos fazer jus a esses 20 anos de estrada dos Satyros. Buscamos também estimular outros grupos e indivíduos, que acreditam em seu trabalho e buscam na arte, ou em qualquer outro ramo da atividade humana, a maneira de modificar o mundo, de torná-lo melhor, de integrar harmonicamente homem e natureza. Pois, com certeza – e aqui falo em nome de todos os que fizeram esta história e participaram da realização deste livro –, essa companhia de teatro, com sua brilhante história e trajetória, nos forneceu a base, o prazer e o estímulo (repleto de esperanças e com os olhos postos no futuro) para elaborarmos o volume que celebra as primeiras duas décadas de vida dos Satyros. Evoé.

At the end of this volume a complete chronology of all the plays by *Os Satyros* is recorded and catalogued. There is a noted lack in the production credits for most shows. It is rare for the names of all those who participated in a show to be registered. This happens in books, in the programs and posters for theater, not to mention the news papers and media in general. It seems there is a trend to simplify or privilege the leading players in a production. We strived for the opposite. Here you will find a full record of all the group's theatrical productions, listing directors, actors, technicians, set designers, photographers, etc. We tried to create a complete record of all the people that have been part of each performance. This is our tribute, our thanks and recognition to all who helped build the history of *Os Satyros*.

We hope to do justice to *Os Satyros*' 20 years on the road. We also hope to be a form of encouragement to other groups and individuals, who believe in their work and seek in art, or in whatever other branch of human activity, a way of changing the world, of making it better, of harmoniously integrating humanity and nature. As, without doubt – and here I speak in the name of all those who created this story and had a hand in this book –, this theater company, with its brilliant history and career, provided us with a base, the pleasure and stimulation (filled with hope and eyes set on the future) to develop the volume that celebrates the first two decades of the life of *Os Satyros. Evoé!*

AS AVENTURAS DE ARLEQUIM | 1991 | Lauro Tramujas, Ivam Cabral | Camasi Guimarães

aventuras de
Arlequim

Rodolfo García Vázquez, Ivam Cabral
direção e iluminação | director and lighting Rodolfo García Vázquez

1989 Ivam Cabral, Lauro Tramujas, Susana Borges,
Mariyvone Klock, Rosemeri Ciupak e | and Camasi Guimarães

AS AVENTURAS DE ARLEQUIM | 1991 | Néviton de Freitas, Renata Sêpa

um Qorpo santo dois revisitando

texto e direção | text and director Rodolfo García Vázquez

1989 Ivam Cabral, Lauro Tramujas, Mariyvone Klock,
Camasi Guimarães, Mário Rebouças, Islaine Campos,
Luiz Augusto Alper, Susana Borges, Wagner Santos,
Edla Pedroso, Nello Marrese, Rosemeri Ciupak,
Evânia Jacobino e | and Christian Landgraf

Sades ou
noites com os professores imorais

texto e direção | text and director Rodolfo García Vázquez

1990 Ivam Cabral, Silvanah Santos, Mariyvone Klock,
Camasi Guimarães, Pitxo Falconi, Mário Rebouças
e | and Regina Gomes

SADES OU NOITES COM OS PROFESSORES IMORAIS | 1990 | Camasi Guimarães | Regina Gomes, Camasi Guimarães |
Adriano Lopes, Ivam Cabral | Ivam Cabral e | and Regina Gomes

a proposta

Ivam Cabral, Rodolfo García Vázquez

direção | director Rodolfo García Vázquez

1991 Luiz Augusto Alper, Valéria Di Pietro, Emerson Caperbat, Rosemeri Ciupak, Renata Sêpa e | and Angela Leme

A PROPOSTA | 1991 | Rosemeri Ciupak, Emerson Caperbat e | and Valéria Di Pietro

A PROPOSTA | 1991 | Luiz Augusto Alper | Valéria Di Pietro, Angela Leme, Emerson Caperbat e | and Rosemeri Ciupak

Saló, Salomé

Rodolfo García Vázquez, Ivam Cabral
direção | director Rodolfo García Vázquez

1991 Tatiana Szymczakowski, Ivam Cabral | Wagner Santos,
Idelleni do Amaral, Eduardo Chagas, Penha Dias, Susana Brum,
Néviton de Freitas, Fauze El Kadre, Jane Patrício, Márcia Jaques,
Mônica Negro, Robson Pallazini, Joel Marques, Ricardo Squarzoni,
Elília Reis, Ivo Zatti, Regis Richelly, Lucicleide Costa, Wander Monteiro,
Gláucia Maria, Jô Santucci e | and Fábio Barbosa

SALÓ, SALOMÉ | 1991 | Tatiana Szymczakowski

SALÓ, SALOMÉ | 1991 | Penha Dias, Eduardo Chagas | Penha Dias, Fauze El Kadre, Marcia Jaques, Jane Patríco

SALÓ SALOMÉ | 1991 | Carla Barbisan, Jô Santucci e elenco | and cast | Penha Dias, Tatiana Szymczakowski e | and Susana Brum

SALÓ, SALOMÉ | 1991 | Márcia Jaques e elenco | and cast | Tatiana Szymczakowski, Penha Dias

SALO SALOMÉ | 1991 | Néviton de Freitas, Ivo Zatti | Ivam Cabral e | and Carla Barbisan

a
Filosofia na
Alcova

texto e direção | text and director Rodolfo García Vázquez

1993 Ivam Cabral, Silvanah Santos, Silvia Altieri, Andréa Rodrigues, Daniel Gaggini, Marcelo Moreira, Pedro Laginha e | and Bia Almeida

2003 Ivam Cabral, Patrícia Aguille, Valquíria Vieira, Phedra D. Córdoba, Soraya Aguillera, Daniel Morozetti e | and Marcus Vinicius Parizatto

A FILOSOFIA NA ALCOVA | 2003 | Nora Toledo, Fabiano Machado, Cléo De Páris e | and Eduardo Metring

A FILOSOFIA NA ALCOVA | 2003 | Cléo De Páris

Chegou à conclusão, depois de testar muita gente, que pessoas que tinham uma aversão muito grande a cheiros exóticos e corporais (urina, fezes, suores, etc.), eram, na maioria, conservadores em suas posições políticas.

Tem sentido: a democracia fede. Ela sempre traz a diferença, o outro e seus cheiros. Ser um democrata significa estar disponível para experimentar o suor dos outros, os fedores, os aromas desagradáveis da vida real.

After testing many people, a conclusion has been deduced that those who have a huge aversion to exotic and bodily odors (urine, feces, sweat, etc), were, largely speaking, conservative in their political positions.

It makes sense: democracy stinks. It always presents the difference, the other and its odors. Being a democrat means being willing to experiment the sweat of others, the stench, the unpleasant odors of real life.

A FILOSOFIA NA ALCOVA | 2003 | | Ivam Cabral | Ivam Cabral, Andressa Sposito

A FILOSOFIA NA ALCOVA | 2003 | Andressa Cabral | Ivam Cabral, Valquíria Vieira
| 2003 | págs. | page 68-69 Tomás Auricchio, Phedra D. Córdoba | Tomás Auricchio, Phedra D. Córdoba

A FILOSOFIA NA ALCOVA | 2003 | Phedra D. Córdoba, Ivam Cabral, Marcus Vinicius Parizatto | Tomás Auricchio

Exemplos: a Alemanha nazista não cheirava a nada. Os desfiles nazistas, registrados por Leni Riefehnstal, deixam isso evidente. Naquelas imagens os corpos de homens e mulheres negavam a sua própria condição animal e eram alçados a ídolos de carne. Tudo era higienicamente controlado naquele mundo que lutava pela perfeição das suas formas. Até as câmaras de gás eram pensadas como uma forma limpa de extermínio. Uma contradição brutal.

Tenho medo também do teatro higiênico demais. O teatro muito limpo, muito exato, muito controlado, muito perfeito em suas formas e objetivos. Esse tipo de teatro transpira um suor asséptico, distante, quase ideal.

O teatro dos Satyros tenta, o tempo todo, dialogar com a rua, com seus cheiros, com suas mazelas fedorentas. E tudo isso é carregado para o palco. Através de atores nem sempre tecnicamente perfeitos, muitos que nunca estudaram em uma escola de teatro regular. Mas que trazem em seus corpos experiências de vida contundentes e fedidas... perfeitas na sua imperfeição.

Examples: Nazi Germany didn't smell of anything. The Nazi parades, registered by Leni Riefehnstal left this perfectly clear. In those images, the bodies of men and women denied their own animal condition and were elevated to idols of flesh. Everything was hygienically controlled in that world fighting for the perfection of its forms. Even the gas chambers were designed as a clean form of extermination. A brutal contradiction.

I also fear theater that is too hygienic. Theater that is too clean, too exact, too controlled, too perfect in its forms and objectives. This type of theater transpires an aseptic, distant, almost ideal sweat.

The theater of Os Satyros continuously strives to converse with the street, with its odors, with its fetid wounds. And this is all taken to the stage. Through actors who are not always technically perfect, many of them have never studied in a regular theater school. But who, through their bodies, deliver forceful and putrid experiences of life... perfect in their imperfection.

A FILOSOFIA NA ALCOVA | 2003 | Phedra D. Córdoba
| 2003 | pág. | page 74 Nora Toledo

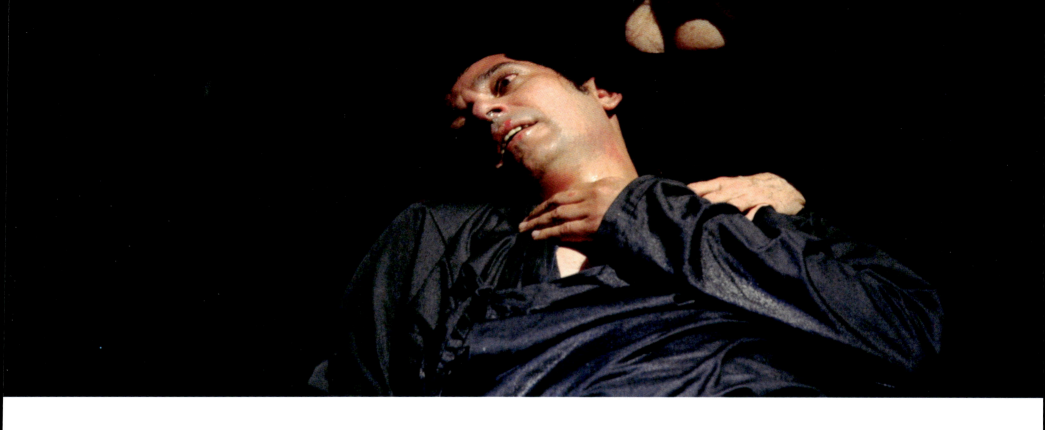

DE PROFUNDIS | 2002 | Ivam Cabral, Irene Stefania
| 2002 | pág. | page 78 Ivam Cabral, elenco | cast

de profundis

Ivam Cabral

direção | director Rodolfo García Vázquez

1993 Ivam Cabral, Lauro Tramujas, Silvanah Santos, Daniel Gaggini, Pedro Laginha, Silvia Altieri, Marcelo Moreira e | and Andréa Rodrigues

2002 Ivam Cabral, Germano Pereira, Dulce Muniz, Andrea Cavinato, Adriana Capparelli/ Vanessa Bumagny, Telma Vieira, Paula Ernandes, Paulinho de Jesus e | and Williams Victorino/Marcelo Jacob

DE PROFUNDIS | 2002 | Helô Ribeiro, Ilana Volcov, Vanessa Bumagny, Irene Stefania | Ivam Cabral

DE PROFUNDIS | 2002 | elenco | cast
| 2002 | pág. | page 84 Ivam Cabral

DE PROFUNDIS | 2002 | Germano Pereira, Irene Stefania | Ivam Cabral, Germano Pereira | Ivam Cabral, Germano Pereira

DE PROFUNDIS | 2002 | Germano Pereira | Ivam Cabral

| 2002 | Ivam Cabral, Germano Pereira e | and elenco | cast

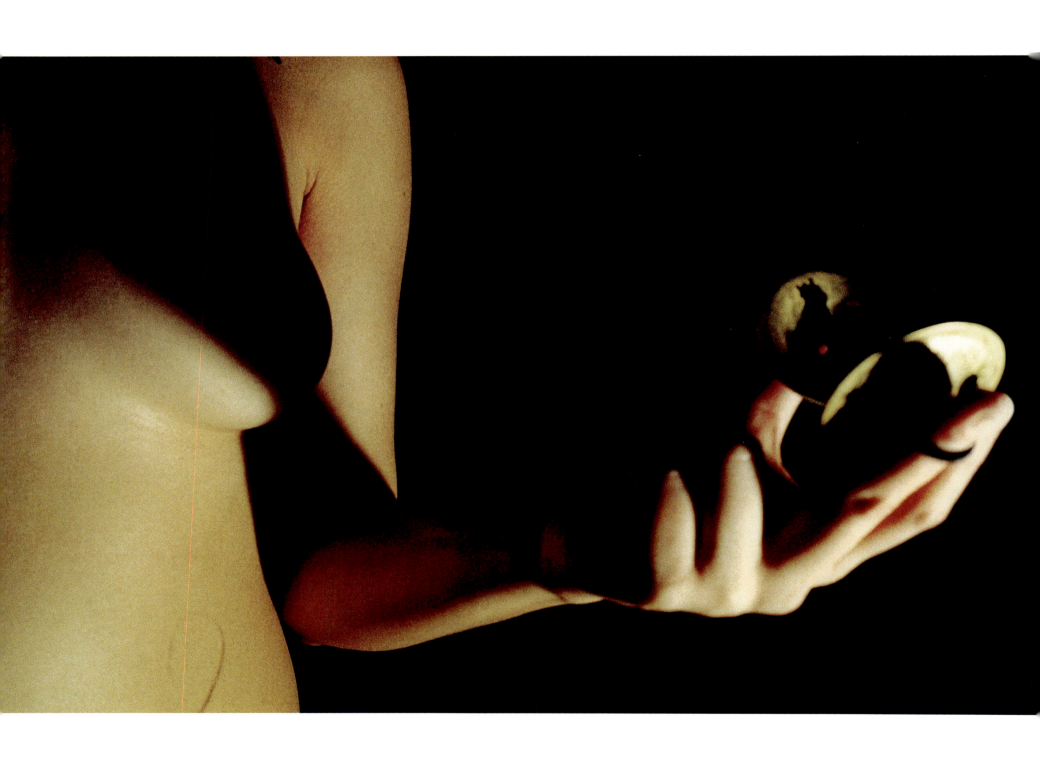

SAPPHO DE LESBOS | 2001 | detalhe | detail

Sapprio de Lesbos

Ivam Cabral, Patrícia Aguille
direção | director Rodolfo García Vázquez

1995 Gilda Nomace /Patrícia Aguille, Silvanah Santos,
Mara Manzan, Andréa Rodrigues, Patrícia Viana,
Paula Rosa, Sara Soares, Sofia Benasulin, Sofia Borges
e as percussionistas | and the percussionists Maria João,
Sofia Pascoal e | and Zia

2001 Patrícia Aguille, Gisa Gutervil, Yara Marçal,
Andréa Rosa, Priscila Assumpção, Lucélia dos Reis,
Elenize de Barro, Angelita Vaz e | and Danielle Santiago

SAPPHO DE LESBOS | 2001 | Patrícia Aguille, Andréa Rosa | Elenco | Cast

O verdadeiro teatro também só é possível quando se vive esse estado de espanto. A partir dele, temos as técnicas e as formas que vão criar o teatro... mas o espanto é o verdadeiro fundamento de todo teatro vital. Busco essencialmente esse teatro do espanto.

True theater is also only possible when you live this state of awe. Through it, we have the techniques and forms that will create theater... but awe is the true base of all vital theater. I seek, relentlessly, for this theater of awe.

SAPPHO DE LESBOS | 2001 | Lucélia dos Reis, Elenize Barro | Patrícia Aguille

SAPPHO DE LESBOS | 2001 | Elenco | Cast | Elenco | Cast

SAPPHO DE LESBOS | 1995 | Andréa Rodrigues, Sofia Borges, Silvanah Santos, Patrícia Viana, Paula Rosa, Patrícia Aguille ao centro | in the middle | Silvanah Santos, Patrícia Aguille | Patrícia Aguille, Andréa Rodrigues

Valsa Nº 6

Nelson Rodrigues
direção | director Rodolfo García Vázquez

1995 Marta Furtado

Quando você disse que me Amava

texto e direção | text and director Rodolfo García Vázquez

1995 Ivam Cabral e | and Jeanine Rhinow

Ele foi visitar a velha senhora. Pele toda manchada, cabeça baixa, feridas pelo corpo. A velha senhora já não consegue mais perceber o mundo com clareza. Seus olhos estão turvos, e a memória se esgota.

Ele tenta ser simpático. Pergunta coisas. Pede para que ela conte as velhas histórias de sempre, aquelas histórias lindas.

A velha senhora já não pode, ela começa a embaralhar a história real, o dia de hoje, a fantasia, o passado.

Ele sente que o tempo dela se esgota. Que tudo se aproxima do fim. Que as histórias já se misturam e só resta a paz.

Ele diz adeus à senhora. Sai pela porta com a esperança de uma última visita.

Vai ao trabalho e encontra, por acaso, na rua, alguém que o odeia, que o calunia, que o agride...

E pensa: "Tudo isso ainda vai ser uma história esquecida e triste, uma história desnecessária, como todas são, ao final."

He went to visit the hold lady. Skin blemished, head down, body wounded. The old lady can no longer perceive the world with clarity. Her eyes are clouded, and her memory slipping away.

He tries to be friendly. He asks things. He asks her to tell him the same old stories, those beautiful stories.

The old lady can't, she begins to entwine reality, today, with fantasy, with the past.

He feels her time is running out. That everything is coming to an end. That the stories are all confused and all that remains is peace.

He bids the lady farewell. He walks out the door with the hope of at least one last visit.

He walks to work and, by chance, in the street, comes across someone who hates him, who slanders him, who assaults him...

And he thinks: "This, too, will all be a sad and forgotten story, an unnecessary story, as they all are, at the end."

QUANDO VOCÊ DISSE QUE ME AMAVA | 1995 | Jeanine Rhinow, Ivam Cabral
| 1995 | pág. l page 106 Jeanine Rhinow, Ivam Cabral

Woyzeck

Georg Büchner
direção | director Rodolfo García Vázquez

1996 Pedro Laginha, Margarida Pinto Correia,
Silvanah Santos, Sylvie Rocha, Pedro Martinho,
Alexandre Guedes de Sousa, Catarina Parrinha,
Cláudia Gaiolas, Júlio Mesquita, Nury Ribeiro,
Paulo Campos dos Reis, Raul Oliveira,
Ramon de Mello, Sandra Simões, Sofia Nicholson,
Solange Fponto e | and Vivian Reys

WOYZECK | 1996 | Silvanah Santos | Pedro Laginha, Margarida Pinto Correia | Pedro Laginha, Margarida Pinto Correia

Prometeu Agrilhoado

texto e direção | text and director Rodolfo García Vázquez

1996 Edson Bueno, Fabiana Ferreira, Mazé Portugal, Rui Quintas, Davi Scorzato, Geane Saggioratto, Marcelo Natel, Geisa Müller, Mônica Keller, Marley Mello e | and Adriana Lima

PROMETEU AGRILHOADO | 1996 | Elenco | Cast

Electra

Ivam Cabral

direção | director Rodolfo Garcia Vázquez

1997 | Silvanah Santos, Helio Barbosa, Ana Fabrício, Clarice Bueno, Cleci Pagnussatti, Jewan Antunes e participação especial de | and a special appearance by **Lala Schneider**

Em flashback, vejo também que a nossa chegada à Praça Roosevelt foi uma decisão política. Não fomos para os bons bairros, as ruas chiques, os endereços descolados. Não por que não pudéssemos, mas porque não queríamos. Isso não é uma atitude muito mais política e radical do que escolher um nome qualquer para presidente sentado numa mesa de um boteco da Vila Madalena, falando de justiça social? Não vale mais do que todos os votos que eu deixei de dar durante todos esses anos?

Reduzir a vida política aos partidos e ao voto é simplista e estupidificante.

In a flash back, I also see that our arrival at Praça Roosevelt was a political decision. We didn't go to the good neighborhoods, the chic areas, the hip addresses. Not because we couldn't, but because we didn't want to. Isn't this an attitude far more political and radical than choosing whatever name for the president seated at a table in a bar in Vila Madalena, talking about social justice? Are they not worth more than all the votes I didn't give over all these years?

Reducing political life to parties and a vote is simplistic and dumbfounding.

ELECTRA | 1997 | Lala Schneider

ELECTRA | 1997 | Silvanah Santos | Silvanah Santos | Silvanah Santos, Lala Schneider

| 1997 | Helio Barbosa

Divinas
Palavras

Ramón Del Valle-Inclán
direção | director Rodolfo García Vázquez

1997 Silvanah Santos, Alina Vaz, Augusto Leal, Rui Quintas,
Ana Eduardo Ribeiro, Andréa Pita, Bruno Lewinski,
Cláudia Jardim, Fauze El Kadre, Isabel Valente, Isa Alves,
Magda Novais, Manuel da Silva, Mário Rui Filipe, Mônica Garcez,
Nuno Bento, Paula Diogo, Rita Ferreira, Rogério Alcântara,
Rui Miguel Lopes, Sandra Simões, Ana Cristina Almeida,
Alexandra Mendes, Fernando Ferreira, Isabel Mota, Paula Magalhães,
Pedro Oliveira, Ricardo Santos, Sandra Calçado, Sandra Marisa,
Sonia Mendes, Teresa Garcia, Vitor Simões e a banda Angelvs
(Branco, Luis Vieira, Mafalda Nascimento, Mariana Fidalgo,
Pedro Cipriano e | and Rogério Santos)

2007 Silvanah Santos, Alberto Guzik, Ivam Cabral, Cléo De Páris,
Nora Toledo, Laerte Késsimos, Phedra D. Córdoba,
Angela Barros, Daniel Tavares, Fabio Penna, Marba Goicocchea,
Maria Ana Olivaes, Soraya Aguillera e | and Tiago Leal

DIVINAS PALAVRAS | 2007 | Cléo De Páris, Daniel Tavares
| 2007 | pág. | page 122 Detalhes de adereços | Details of props

120

DIVINAS PALAVRAS | 2007 | Laerte Késsimos, Fabio Penna, Ivam Cabral, Silvanah Santos | Silvanah Santos e elenco | and cast

DIVINAS PALAVRAS | 2007 | Silvanah Santos, elenco | cast | Silvanah Santos e elenco | and cast

2007 | Ivam Cabral

DIVINAS PALAVRAS | 2007 | Fabio Penna, Tiago Leal | Alberto Guzik, Cléo De Páris
| 2007 | pág. | page 132 Cléo de Páris

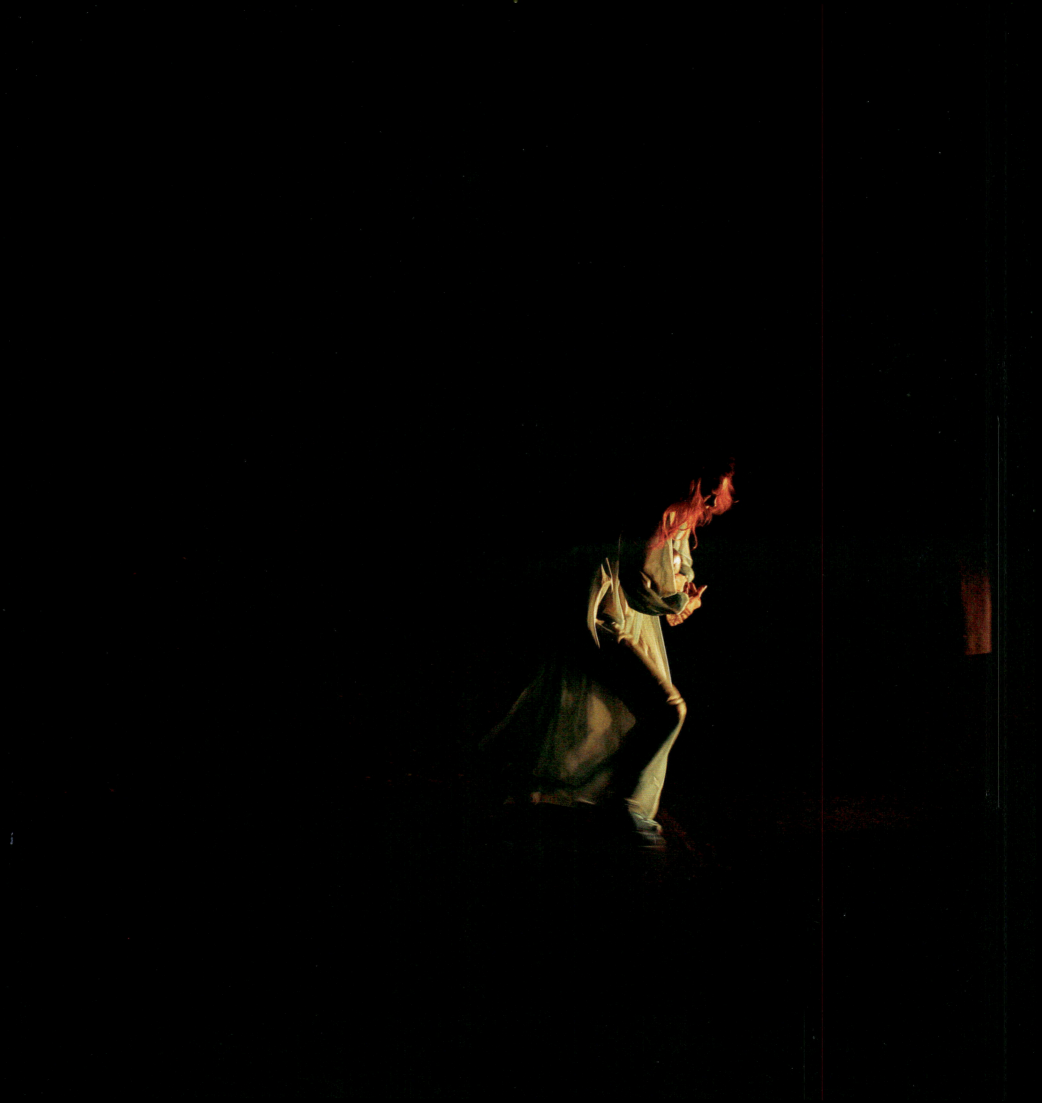

Que assim como uma cidade fica destruída quando são fechadas escolas e hospitais, ela também se perde quando se fecham teatros. E que, portanto, nessas situações, a barriga dos médicos ou dos professores é secundária em relação à questão fundamental, as necessidades daquela população.

Que nós, artistas, somos tão importantes quanto eles, afinal somos médicos de almas e professores de cidadania.

**

É por isso, entre outras questões, que o trabalho do Pantanal faz todo o sentido para nós. Realizar arte neste país sem se aproximar de verdade das dimensões mais trágicas dessa sociedade é um absurdo desumano. E portanto, torna a arte uma arma a favor do *status quo* vigente.

Viver no conforto dos bairros descolados e fazer arte com amigos *cool* nos teatros de poltronas gostosas para públicos bem alimentados também pode ser uma forma de jogar mais álcool nessa fogueira assassina.

Just as a city is destroyed when schools and hospitals are closed, it is also lost when theaters are closed. And, therefore, in these situations, the belly of doctors and teachers comes in second compared to the fundamental issue, the necessities of that population.

That we, artists, are as important as they are, after all, we are doctors of the soul and teachers of active citizenship.

**

It is for this reason, among other questions, that the work in the Pantanal makes complete sense to us. Creating art in this country without moving closer to the truly tragic dimensions of this society is an inhumane absurdity. And therefore, it makes art a weapon in favor of the existing status quo.

Living in the comfort of the hip neighborhoods and creating art with cool friends in theaters with plush seats for the well-fed public can also be a way of throwing more fuel onto this murderous fire.

DIVINAS PALAVRAS | 2007 | Ivam Cabral

DIVINAS PALAVRAS | 2007 | Ivam Cabral | Phedra D. Córdoba, Silvanah Santos, Cléo De Páris

DIVINAS PALAVRAS | 2007 | Angela Barros, Ivam Cabral | Alberto Guzik

Killer Disney

Philip Ridley
direção | director Marcelo Marchioro

1997

Ivam Cabral, Marcelo Munhoz,
Davi Scorzato e | and Andressa Medeiros

KILLER DISNEY | 1997 | Marcelo Munhoz, Ivam Cabral

KILLER DISNEY | 1997 | Andressa Medeiros, Ivam Cabral | Ivam Cabral

Urfaust

J. W. Goeth
direção | director Rodolfo García Vázquez

1998 Ivam Cabral, Tereza Seiblitz, Brígida Menegatti,
Maurício Souza Lima, Adolfo Pimentel,
Bia Franzolin, Lauro Tramujas, Patrícia Vilela,
Tiago Chiminazzo e | and Maristela Canário Cella

URFAUST | 1998 | Ivam Cabral, Tereza Seiblitz

URFAUST | 1998 | Tereza Seiblitz | Ivam Cabral, Maurício Souza Lima | Tereza Seiblitz

OS cantos de Maldoror

Ivam Cabral
direção | director Rodolfo García Vázquez

1998 Ivam Cabral, Silvanah Santos, Mazé Portugal, Patrícia Vilela, Marcilene Santilli, Adriano Butschardt, Gláucia Domingos e | and Marcelo Jorge Erven
Participação Especial | Special Participation Natália Costa Cabral, Priscila Costa Cabral e | and João Pedro Fabrício Meira Albach (vozes em off | offstage voices)

Os esquimós têm 32 palavras para designar neve: a primeira neve depois do verão, a neve fina, a neve muito seca e em blocos, a neve amarelada, e assim por diante. Prá nós, neve é só neve e no Brasil, então, só pro povo do Sul ver dois dias por ano e olhe lá. Prá eles, neve depende muito, e é determinante saber a que neve você se refere.

Com o teatro também devia ser assim. Podíamos ter 3.200 nomes para o teatro. A gente ia ter um nome para o teatro feito pelo Oficina, outro para o Vertigem, outro para o teatro feito pelo Cemitério, ou pelo Latão, ou pelo Antunes... tanta gente que faz teatro em grupos... e, ainda, o teatro do Miguel Falabella, da Bibi Ferreira, do Eri Johnson, do Paulo Autran, da Marília Pera, do Juca de Oliveira, etc., etc., etc.

E perceber que existem teatros diferentes... que todos são teatro... isso é a melhor forma de evitar preconceitos e ataques de fúria desnecessários.

Cada artista é feito de uma substância, tem um jeito próprio de ser... assim como as neves. Há os clássicos, os ousados, os elitistas, os escandalosos, os encabulados, os equivocados, os intransigentes, os conservadores, os importadores, os exportadores e, finalmente, os anárquicos...

Eskimos have 32 words to describe snow: the first snow after summer, the light snow, the very dry snow in blocks, snow turned yellow, and so on. To us, snow is just snow and in Brazil, well, only those in the South see snow on two days of the year, if that. To them, a lot depends on snow, and it is vital to know which snow you are talking about.

It should be the same way with theater. We could have 3,200 names for theater. We could have a name for theater created by Oficina, another by Vertigem, another for theater created by Cemitério, or by Latão, or Antunes... so many people want to create theater in groups... and still, the theater of Miguel Falabella, of Bibi Ferreira, of Eri Johnson, of Paulo Autran, of Marília Pera, of Juca de Oliveira, etc, etc, etc.

And noting that there are different theaters... and that they are all theater... this is the best way of avoiding prejudice and unnecessary attacks of rage.

Each artist is made of a substance, each with a unique manner of being... just like the snows. There are the classics, the bold, the elitists, the scandalous, the sheepish, the mistaken, the uncompromising, the conservative, the importers, exporters, and, finally, the anarchist...

OS CANTOS DE MALDOROR | 1998 | Silvanah Santos
| 1998 | pág. | page 150 Ivam Cabral | Ivam Cabral e | and Silvanah Santos

OS CANTOS DE MALDOROR | 1998 | Silvanah Santos | Silvanah Santos e | and Ivam Cabral

Uma parte do teatro cria sua arte pensando na bilheteria, no nome global do elenco, nas leis da oferta e da procura, na indústria cultural, no espaço de mídia que vão ter, nas amizades que devem fazer, na classe média que vai assistir ao seu trabalho e depois comer uma pizza...

Os anárquicos (se é que é possível dar um nome a eles) não conseguem se satisfazer com uma fórmula, com uma solução pronta...

Nós, dos Satyros, (confesso) já quase tentamos ser mais comportados, quase tentamos fazer espetáculos que nossos vizinhos e pais pudessem ter orgulho de indicar aos amigos. Felizmente, fracassamos nessa empreitada.

Somente a partir do momento que admitimos que somos assim, meio desencaixados do mundo, pudemos assumir melhor a nossa arte.

Que nome então dar ao teatro dos Satyros?

One part of theater creates its art with the box office in mind, the global name of the cast, on the laws of supply and demand, on cultural industry, on the possible media space, on the friendships that should be made, on the middle class who will watch the work and then eat a pizza...

The anarchists (if it is possible to give them a name) cannot satisfy themselves with a single formula, with a ready-made solution...

We, from Os Satyros, (I confess) have almost tried to be more restrained, we almost tried to create presentations that our neighbors and parents could be proud to recommend to their friends. Fortunately, we backed down from that idea.

Only from the moment that we admit we are this way, a little detached from the world, could we take up our art more appropriately.

So what name to choose for the style of theater by Os Satyros?

OS CANTOS DE MALDOROR | 1998 | Ivam Cabral, Silvanah Santos | Ivam Cabral e | and Silvanah Santos

Med∋a

Ivam Cabral, Ana Fabrício
direção | director Rodolfo García Vázquez

1998 Silvanah Santos, Ana Fabrício, Marcelo Jorge Erven, Mazé Portugal, Adriano Butschardt, Eddie Moraez, Fabiano Machado, Gláucia Domingos, Magno Mikosz, Maristela Canário Cella e | and Guaraci Martins

MEDEA | 1998 | Gláucia Domingos
| 1998 | pàg. | page 159 Mazé Portugal

MEDEA | 1998 | Ana Fabrício, Mazé Portugal e, ao fundo | and in the background: Fabiano Machado, Marcelo Jorge Erven, Adriano Butschardt | Eddie Moraez, Mazé Portugal

MEDEA | 1998 | Maristela Canário Cella

Fazer teatro sem que ele seja um microscópio ou um telescópio
para a alma humana é o mesmo que não fazer teatro.

Nisso, ciência e arte se aproximam.

Creating theater without it being a microscope or telescope to
the human soul is the same as not creating theater at all.

In this, science and art are brought closer together.

MEDEA | 1998 | Silvanah Santos, Rodolfo García Vázquez

Coriolano

Willian Shakespeare
direção | director Rodolfo García Vázquez

1999 Heitor Saraiva, Silvanah Santos, Germano Pereira, Fabiano Machado, Adolfo Pimentel, Eddie Moraez, Laudemir Reck, Luis Benkard, Marcos Neves, Thalita Freire-Maya, Daniel Pimentel, Edson Galiotto e | and Helder Clayton Silva

CORIOLANO | 1999 | Silvanah Santos, Thalita Freire-Maya

CORIOLANO | 1999 | Helder Clayton Silva, Heitor Saraiva

CORIOLANO | 1999 | Silvanah Santos

CORIOLANO | 1999 | Germano Pereira, Fabiano Machado | Silvanah Santos

a mais forte

De | By August Strinberg ("A mais forte")
e | and Friedrich Schiller ("Mary Stuart")

direção | director Rodolfo García Vázquez

1999 Ana Fabrício, Silvanah Santos,
Fabiano Machado e | and Germano Pereira

aDança da morte

August Strindberg
diretor | director Rodolfo García Vázquez

2000 Mazé Portugal, Mário Schoemberger, Hélio Barbosa,
Germano Pereira e | and Brígida Menegatti

Vinte anos atrás existia uma camiseta com os dizeres: "Vá ao Teatro". *O Casseta e Planeta*, tirando sarro, fez outra, que fazia muito mais sucesso: "Vá ao Teatro, mas não me chame!" eu comecei minha carreira vendo gente na rua usando essa camiseta.

Hoje, graças ao trabalho de muita gente, de um movimento teatral forte e consistente, uma camiseta dessas não teria o menor apelo. Ao contrário, muitos jovens hoje preferem o teatro experimental ao cinema. São público fiel.

Se pegarmos um modelo alemão, por exemplo, lá existe toda uma cultura de louvação ao teatro. O teatro é, assumidamente para toda a sociedade alemã, uma manifestação de cidadania. E o governo, consequentemente, tem uma política clara de apoio ao teatro.

No nosso caso, temos que fazer o nosso trabalho estético, lutar pela sobrevivência e ainda criar uma pedagogia do teatro para toda uma sociedade e consequentemente uma classe política.

Temos consciência do desafio.

Twenty years ago there was a t-shirt with the phrases: "Go to the Theater". Comedy television program Casseta e Planeta, teasingly created another more successful version: "Go to the Theater, but don't invite me!". I began my career seeing people in the street wearing this t-shirt.

Today, thanks to the effort of a lot of people, and a strong and consistent theatrical movement, a t-shirt such as this wouldn't have the slightest appeal. To the contrary, many youths today prefer experimental theater to cinema. They are a loyal public.

If we look at the German's, for example, there exists a culture of praise for the theater. Theater is, presumably for all German society, a manifestation of citizenship. And the government, consequentially, has a clear policy in support of theater.

In our case, we have to create our esthetic work, fight for survival and also create theater pedagogy for a whole society and consequentially for a political class.

We are fully aware of the challenge.

DANÇA DA MORTE | 2000 | Germano Pereira, Mazé Portugal

Retábulo da Avareza, luxúria e morte

Ramón del Valle-Inclán

direção | director Rodolfo García Vázquez

2000 Ivam Cabral, Germano Pereira, Andréa Cavinato, Letícia Coura, Magno Mikosz, Paulinho de Jesus, Flavio Faustinoni/Camasi Guimarães, Carlos Falat, Telma Vieira, Nana Pequini e | and Mazé Portugal

RETÁBULO DA AVAREZA, LUXÚRIA E MORTE | 2000 | Ivam Cabral, Daniel Gaggini | Letícia Coura, Mazé Portugal, Germano Pereira

RETÁBULO DA AVAREZA, LUXÚRIA E MORTE | 2000 | Ivam Cabral

Quinhentas vozes

Zeca Corrêa Leite

direção | director Rodolfo García Vázquez

2001 Silvanah Santos, Álvaro Bittencourt e | and Mario da Silva

Romeu e Julieta

William Shakespeare
direção | director Rodolfo García Vázquez

2001 **Germano Pereira, Brígida Menegatti, Leandro Daniel Colombo, Val Vener, Adolfo Pimentel, Anne Sibele Celli, Eberson Galiiotto, Ed Canedo, Edina Oliveira, Gustavo Skrobot, Tiago Luz, Tiago Müller e** | and **Eduardo Reded**

antígona

Sófocles
direção | director Rodolfo García Vázquez

2003 Patrícia Dinely, Emerson Caperbat, Roberto Ascar, Dulce Muniz, Irene Stefania, Alexandre Mendes, André Martins, Germano Pereira, Ailton Souza, Alessandro Gogliano, Bile Zampaulo, Danielle Farias, Guilherme Folco, Hilton Junior, Lana Sultani, Marcello Serra, Marcelo Jacob, Marco Moreira e | and Paulo Dyhel

ANTÍGONA | 2003 | Ailton Rosa, Marco Moreira

Com o poder de destruição incomparável que os Estados Unidos têm, a vitória sobre Sadam pode ter sido rápida e humilhante. Mas jamais incontestável. O mundo árabe, com quase um bilhão de pessoas, se reorganiza com ainda mais ódio e acolherá, sorrateiramente, novas gerações de Bin Laden. E não aprendemos a lição que Sófocles nos ensina em Antígona e que a história se encarregou de nos ensinar tantas vezes: muitas vitórias aparentes se transformam em derrotas fragorosas com o passar do tempo.

With the incomparable power of destruction that the United States has, victory over Sadam could have been fast and humiliating. But never unarguable. The Arab world, with almost a billion people, is being organized with even more hate and will deviously recruit new generations of Bin Ladens. And we did not head the lesson given to us by Sophocles in Antigone and which history has charged us with teaching so many times: many apparent victories transform into stunning defeat with the passage of time.

ANTÍGONA | 2003 | Irene Stefania | Emerson Caperbat, Patrícia Dinely e elenco | and cast

Faz de conta que tem sol lá fora

Ivam Cabral

direção | director Rodolfo García Vázquez

2003 Silvanah Santos Cristóvão de Oliveira

Kaspar ou a triste história do pequeno rei do infinito arrancado de sua casca de noz

texto e direção | text and director Rodolfo García Vázquez

2004 Ivam Cabral, Alberto Guzik, Antonio Januzelli, Irene Stefania, Waterloo Gregório, Alexandre Mendes, Marcelo Jacob, Adriano Araújo, Ailton Rosa, Alessandro Gogliano, Angela Ribeiro, Danielle Farias, Eduardo Castanho, Fabiano Machado, Fabíola Junqueira, Fábio Guará, Felipe Lopes, Marcela Randolph, Marco Moreira, Nora Toledo, Phedra D. Córdoba, Ronaldo Dias, Soraya Aguillera, Tatiana Pacor e as crianças | and the children Isadora Aguillera e | and Kauê Aguillera

tem gente que tem medo de ser feliz, de ser livre, de amar. tem gente que tem medo de ser amado e de usar cartão de crédito. tem gente que tem medo da polícia, do aquecimento global e da mãe e da vizinha.

Tem gente que tem medo de levar um não, de atravessar a rua, de buscar sua vida, de entrar na padaria. tem gente que tem medo do sucesso, como se fosse uma letra maiúscula que tem medo de aparecer demais diante das minúsculas.

Tem gente que tem medo de si mesmo, além do medo de escuro, do medo de doença, do medo da morte, do medo de gato, medo de barata e rato e globalização. tem gente até que tem medo da vida. tem gente com medo de sorrir.

There are people afraid of being happy, of being free, of love. there are people afraid of being loved and using credit cards. there are people afraid of the police, of global warming and their mothers and neighbors.

there are people afraid of hearing no, of crossing the road, of going after life, or entering the bakery. there are people afraid of success, as though they were a capital letter afraid to appear alongside the other lowercase letters.

there are people afraid of themselves, in addition to fear of the dark, fear of disease, fear of death, afraid of cats, afraid of cockroaches and rats and globalization. there are people who are even afraid of life. there are people afraid to smile.

KASPAR OU A TRISTE HISTÓRIA DO PEQUENO REI DO INFINITO ARRANCADO DE SUA CASCA DE NOZ | 2004 | Marcela Randolph, Ailton Rosa, Phedra D. Córdoba | Ivam Cabral, Waterloo Gregório, Nora Toledo | Irene Stefania, Ivam Cabral

tem gente que tem medo de começar de novo, de largar a mulher, de contar um segredo, de palito de fósforo usado. o medo está por todos os lados e afronta todos os outros sentimentos. aliás, tem sentimento que foge por medo do medo.

tem gente que tem medo até de admitir que sente medo. e tem artista que brinca com seu medo, tem artista que foge dele, tem artista que faz dele sua arte. e também tem artista que finge não ter medo. mas ele sempre está lá. pronto prá invadir.

there are people afraid of starting over, scared to leave there women, afraid of telling a secret, fear of a burnt matchstick. Fear is everywhere and affronts all the other feelings. in fact, there are feelings that flee for fear of being afraid.

there are people that are even afraid to admit they are afraid. and there are artists that play with their fear, there are artists that run from it, there are artists that create their art from fear. and there are also artists who pretend not to have fear. but it is always there. ready to invade.

| 2004 | Ivam Cabral

Transex

Transex

texto e direção | text and director **Rodolfo García Vázquez**

2004 **Ivam Cabral, Alberto Guzik, Soraya Saide,
Fabiano Machado, Tatiana Pacor,**
Marcela Randolph, Laerte Késsimos,
Phedra D. Córdoba e | and **Savanah Meirelles**

TRANSEX | 2004 | Ivam Cabral, Alberto Guzik, Phedra D. Córdoba, Savanah Meirelles, Marcela Randolph, Soraya Saide, Fabiano
Machado, Tatiana Pacor, Laerte Késsimos | detalhe arte do cartaz | detail of poster art
| 2004 | pág. | page 201 Ivam Cabral
| 2004 | pág. | page 202 Savanah Meirelles, Marcela Randolph, Laerte Késsimos | Soraya Saide, Ivam Cabral, Phedra D. Córdoba | Ivam Cabral
| Ivam Cabral | Ivam Cabral

TRANSEX | 2004 | Ivam Cabral, Alberto Guzik | Ivam Cabral, Alberto Guzik

Detesto o termo alternativo. Ele abarca muitas coisas que não tem a ver com o tipo de trabalho que procuramos fazer. Somos *underground*, como nos etiquetaram na mostra do Sesc do ano passado?

NÃO - se essa expressão quiser dizer que fazemos nossas artes escondidos debaixo da terra. Afinal, nosso trabalho quer se mostrar luminosamente o máximo de tempo possível.

SIM - se a palavra quer dizer trazer à tona o obscuro subterrâneo, aquilo que a sociedade oculta.

Fazemos um teatro crítico, se é que podemos achar um nome, que busca o não dito, o não falado, o não exposto... o que deveria ser ocultado. Procuramos fazer um teatro de uma neve que não existe, nem prá nós mesmos: uma neve anarquista.

Somos como as putas, os travestis e os michês que vendem o sonho e o pesadelo para que a sociedade possa continuar sobrevivendo debaixo das máscaras sufocantes das nossas hipocrisias...

Somos como os traficantes que vendem o êxtase para nossos jovens de classe média de forma que eles possam pensar que são rebeldes e os executivos possam aliviar o *stress* do capitalismo...

I detest the term alternative. It encompasses many things that have nothing to do with the type of work we strive to create. Are we underground, as they labeled us last year at the SESC (cultural center) performance?

NO – if this expression means to say that we produce our art hidden beneath the ground. After all, our work is meant to be shown intensely for as long as possible.

YES – if the word insinuates revealing the obscure tone of the underworld, that which society hides.

We produce a critical form of theater, if we had to give it a name, that seeks the unsaid, unspoken, the unexposed... what should be hidden. We strive to produce a form of theater form a snow that does not exist, not even for us: an anarchist snow.

We are like the whores, the transvestites and the man-whores who sell the dream and nightmare so that society can continue surviving beneath the suffocating masks of our hypocrisies...

We are like the drug dealers that sell ecstasy to our middle class youth so that they can think of themselves as rebellious and so that executives can alleviate the stress of capitalism...

TRANSEX | 2004 | Alberto Guzik, Ivam Cabral | Soraya Saide, Ivam Cabral

207

Todos eles, putas, michês, travestis, traficantes, são nossos vizinhos da Praça Roosevelt. Somos amigos de vários deles. Alguns até trabalham no Satyros. Eles são negados por uma sociedade que não percebe o papel fundamental que eles exercem no equilíbrio de um sistema social que nos sufoca.

No teatro, assim como na vida, também são necessários os travestis, as putas, os michês e os traficantes.

Afinal, alguém sempre tem que fazer o trabalho sujo para que a humanidade se salve.

Ou, como diria a Teresa, a travestizinha sonhadora do Ivam Cabral no Transex: "No fundo, no fundo, eles sempre dependeram da nossa caridade."

All of them, whores, man-whores, transvestites, drug dealers, are our neighbors in Praça Roosevelt. We are friends of many of them. Some have even worked with Os Satyros. They are shunned by a society that ignores the fundamental role they play in the balance of a suffocating social system.

In theater, as in life, transvestites, whores, man-whores and drug dealers are all necessary.

After all, someone always has to do the dirty work so that humanity can save itself.

Or as Teresa, Ivam Cabral's dreamy-eyed little transvestite in "Transex", would say: "Deep, deep down, they always depend on our charity."

TRANSEX | 2004 | Soraya Saide, Savanah Meirelles, Phedra D. Córdoba, Fabiano Machado, Tatiana Pacor, Marcela Randolph | Phedra D. Córdoba | Phedra D. Córdoba

| 2004 | Soraya Saide, Phedra D. Córdoba, Savanah Meirelles, ao fundo | in the background Alberto Guzik e | and Ivam Cabral

os satyros, da cooperativa paulista de teatro, apresenta:

COSM〇GONIA

experimento nº1

programaçã visual: laerte késsimos

ivam cabral
cléo de páris

texto e direção:
rodolfo garcía vázquez

quintas e sextas às 21:30
espaço dos satyros
praça roosevelt, 214 – consolação. fone 11 3258-6345
www.satyros.com.br

COSMOGONIA EXPERIMENTO NO. 1 de: Rodolfo García Vázquez - com: Ivam Cabral, Cléo De Páris e Eduardo Castanho, Eduardo Metring - Cenário: Rodolfo García Vázquez - Figurinos: Silvanah Santos - Trilha Sonora: Ivam Cabral - Iluminação: Emerson Fernandes - Assistência de Direção: Silvanah Santos e Eduardo Castanho - Operação de Som: Rafael Soares - Operação de Luz: Emerson Fernandes - Confecção do Cenário: Leopoldo Baldessar, Teresa Stocco e Régis Santos - Confecção de Figurinos: Teresa Stocco - Programação Visual: Laerte Késsimos - Ilustração: Zed - Fotografia: Eduardo Castanho e Zed - Gravação de Áudio: Chico Lobo - Produção Executiva São Paulo: Eduardo Metring - Produção Executiva Curitiba: Dimi Cabral e Gisa Gutervil - Recherche: Pagu Leal, Elder Gattely e Silvanah Santos - Secretária de Produção: Rosiane Costa - Idealização: Companhia de Teatro Os Satyros - Direção Geral: Rodolfo García Vázquez

Cosmogonia
experimento N°1

texto e direção | text and director Rodolfo García Vázquez

A gente vive numa sociedade que aprendeu a pasteurizar a morte muito bem. A morte-espetáculo é explorada exaustivamente pela mídia. Tome tsunami, tome morte de princesa Diane, qualquer que seja a morte espetacular, a imprensa está lá. Mas a morte banal, a morte do anonimato, o deixar de existir de alguém que nunca "existiu", isso não interessa a ninguém. Cemitérios hoje em dia são cada vez mais higiênicos. A dor tem horário prá começar e acabar. Os caixões e os jazigos de cemitério são comprados em parcelas mensais, desde que teu nome não esteja no Serasa.

Mas no fundo, no fundo, mesmo que você esteja com o nome no Serasa, mesmo que tenha que enterrar teus mortos numa cova de indigentes no cemitério São Luiz, mesmo que você chore por alguém que nunca vai ser lembrado por ninguém; a Morte vai continuar sendo o único assunto que realmente interessa, o único do qual nunca falamos, mas que sempre tememos.

Então, montamos o Cosmogonia em Curitiba, que estreou em dezembro. Um espetáculo que tratava dos últimos 40 minutos de vida de um cara. Numa UTI, ele ficava sabendo pela boca de uma Moira implacável que aqueles eram os últimos 40 minutos da vida dele. O bip repetitivo das máquinas de manutenção de vida era propositalmente pra incomodar. O Branco de Morte, de Limpeza, de Vazio. A luz branca. Eu precisava exorcizar um pouco a presença da Morte. E o Teatro era o canal ideal pra isso.

2004 Pagu Leal, Eleder Gatelly, Gisa Gutervil e | and Karina Renck Moraes

2005 Ivam Cabral, Cléo De Páris, Eduardo Castanho e | and Eduardo Metring

We live in a society that has learnt to pasteurize death remarkably well. Spectacular death is explored exhaustively by the media. Whether tsunami, or the death of Princess Diana, whatever form of death is the most spectacular, one can be sure to find the press at hand. But banal death, death of the anonymous, or someone who never "existed" stops existing, interests absolutely no one. Cemeteries nowadays are increasingly more hygienic. Pain has a time for starting and ending. Coffins and tombstones are paid off in monthly installments, as long as your name is not blacklisted with any credit bureaus.

But deep, deep down, even if your name has been blacklisted, even if you have to bury your loved ones in a pauper's pit in São Luis cemetery, even if you cry for someone who will never be remembered by anyone; Death will continue being the only subject that draws any real interest, the only one we never talk about, but always worry about.

So, we presented "Cosmogonia" in Curitiba, which opened in December. A presentation about the last forty minutes of a man's life. In an ICU, he discovered through an inconsolable Moira, that those were the last forty minutes of his life. The repetitive beep of the machines keeping him alive was deliberately annoying. The White of Death, of Cleaning, of Emptiness. The white light. I needed to drive out the presence of Death a little. And Theater was the ideal channel for this.

Estávamos na segunda semana da temporada e recebo uma ligação: uma pessoa amada estava na UTI, em São Paulo. Vim correndo, peguei a Régis Bitencourt e disparei pra chegar em Sampa a tempo.

Era uma terça-feira. 21 horas e 30 minutos. Chego ao hospital e entro pela primeira vez na vida em uma UTI. Enquanto isso, a 400 quilômetros de distância, a peça sobre a UTI vai começar. Os ruídos do bip que a peça tinha se repetiam naquele corredor de camas. Os lençóis brancos. O desalento daqueles que estavam deitados. O desespero das visitas. A peça surge na minha cabeça. A vida toma o lugar da peça em poucos instantes.

Foi uma das experiências mais loucas da minha vida. Vida e arte, Morte e arte, Vida e morte, chegou um momento em que tudo se embaralhou. Às 9 e meia daquela terça-feira, eu vivi a metavida, o metateatro, o metatudo...

O que era o teatro pra mim, senão a forma mais estética de exorcizar a dor de viver e o medo de não viver mais?

Vem Nietzsche na cabeça, é claro. A vida só se justifica como experiência estética. Pra quem vive o teatro, talvez seja a única regra válida para o viver.

Desde esse dia, percebo a responsabilidade radical de ser um artista – ainda mais claramente. Se só como estética a vida se justifica, o teatro tem que ser profundo, pleno, sublime. Aí, talvez, o teatro também se justifique, ao justificar a vida.

Sentir a Morte que nos ronda a cada dia significa também redobrar o prazer de estar vivo, de estar aqui, de poder brincar com os nossos símbolos. Por ser efêmero, o teatro sempre sente a proximidade da sua própria morte. É essa consciência do seu fim próximo que desperta o vigor do Palco de verdade.

We were in the second week of the season, and I received a call: a loved one was in the ICU, in São Paulo. I raced off, picked up Regis Bitencourt and shot off again to reach São Paulo in time.

It was a Tuesday. Nine thirty at night. I arrived at the hospital and for the very first time in my life, I walk into an ICU. At the same time, four hundred kilometers away, the piece about the ICU was about to start. The sound of the beep in the piece repeated in that corridor of beds. The white sheets. The despondency of those bedridden. The despair of the visitors. The piece sprang to mind. Life took the place of the presentation in mere moments.

It was one of the craziest experiences in my life. Life and art, Death and art, Life and death, a moment arrived when everything became one. At nine thirty on that Tuesday night, I lived a meta-life, meta-theater, meta-everything...

What was theater to me, if not the most esthetic way of exercising the pain of living and the fear of living no more?

Obviously, Nietzsche comes to mind. Life only justifies itself as esthetic experiences. For those who live theater, it may be the only valid rule to living.

Since that day, I have become aware of the extreme responsibility of being an artist - even more clearly. If life is only justified as esthetic, theater has to be deep, full, sublime. Then, maybe, theater can also justify itself, in justifying life.

Feeling the Death that surrounds us each day also means redoubling the pleasure of being alive, of being here, of being able to play with our symbols. In being ephemeral, theater always feels the proximity of its own death. It is this awareness of its nearing end that truly awakens the vigor of the Stage.

COSMOGONIA EXPERIMENTO Nº 1 | 2005 | pág. | page 212 Cartaz | poster | 2005 | pág. | page 214 Ivam Cabral | 2005 | Ivam Cabral

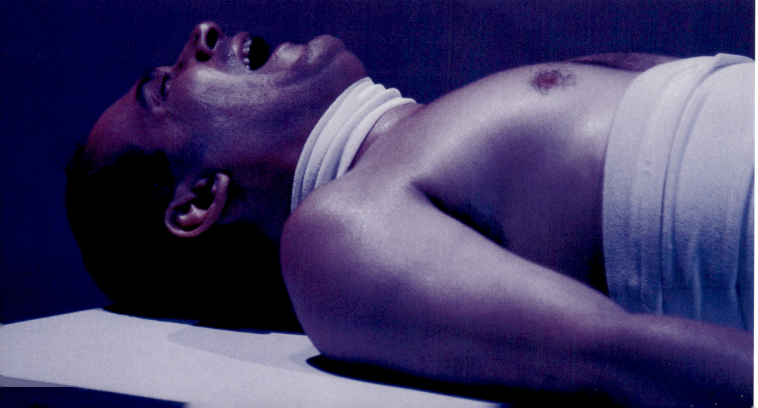

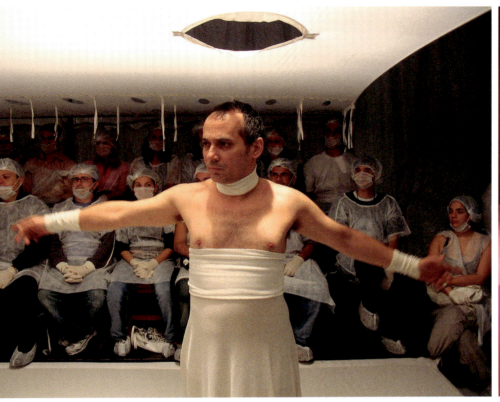

COSMOGONIA EXPERIMENTO Nº 1 | 2005 | Ivam Cabral | Ivam Cabral |
Cléo De Páris e público | and audience

a vida
na praça
roosevelt

Dea Loher
direção | director Rodolfo García Vázquez

2005 Ivam Cabral, Alberto Guzik, Angela Barros, Cléo De Páris, Tatiana Pacor, Fabiano Machado, Nora Toledo, Phedra D. Córdoba, Soraya Aguillera, Soraya Saíde, Daniel Tavares, Waterloo Gregório e | and Laerte Késsimos

A Vida na Praça Roosevelt é uma peça escrita por uma alemã, nossa amiga Dea Loher, que fala de mil histórias que conhecemos no nosso teatro, na praça, nessa cidade louca chamada São Paulo.

Num primeiro momento, aquilo tudo que parecia folclore tinha um olhar meio antropológico nosso. A gente achava graça das histórias das travestis, dos traficantes-mirins, do Fofão (o cara com o rosto deformado que agride todas as pessoas da praça), a nossa amada Bibi e seu amante extra-terrestre, a Marcinha, a garota de Ipanema da Praça Roosevelt e seu corpo escultural com tornozelo inchadíssimo.

Agora, nos últimos ensaios, começamos a reconhecer a nós mesmos por trás daquelas situações, daquelas personagens: a violência desse país, o medo, a arbitrariedade de tudo contra todos, a sobrevivência do amor numa solidão imensa de cidade grande e assustadora...

Vi no rosto dos atores a transformação: a graça inicial foi dando lugar a cenas pungentes, a solidão engraçada foi ficando triste, as vozes afetadas foram se transformando em vozes pesadas, graves...

Os ensaios começaram a se encontrar com o sentido mais oculto e perigoso do texto.

Vejo a dor do encontro dos atores com os seus fantasmas. Fico quieto no meu canto de diretor, observando como cada um vai resolvendo esse encontro mágico. Assumo meu fascínio diante do caminho tortuoso do ator, que, ao buscar sua verdade, vai encontrar a verdade de todos nós.

"A Vida na Praça Roosevelt" is a play, written by a German, our friend Dea Loher, which tells a thousand tales we heard in our theater, our square, in this crazy city called São Paulo.

At the outset, all that which appeared folklore, had a sort of anthropologic views to us. We found amusement in the stories of transvestites, of the young drug dealers, of Fofão (the guy with the deformed face that assaulted everybody in the square), our beloved Bibi and her extraterrestrial lover, Marcinha, the girl from Ipanema from Praça Roosevelt and her sculpture like body with a severely swollen ankle.

Now, in recent rehearsals, we began to recognize ourselves through those situations, those characters: the violence of this country, the fear, arbitrariness of everything against everyone, the survival of love in the immense solitude of a large and scary city...

I saw the transformation of the faces of the actors: the initial amusement gave way to poignant scenes, the funny solitude became continuously sadder, foppish voices were transformed into heavy, grave voices...

The rehearsals were soon found to contain feelings more occult and dangerous than the text.

I see the pain of the meeting between the actors and their ghosts. I keep quiet in my corner, observing how each one deals with this magical encounter. I'm enthralled by the torturous path of the actors, who in seeking their truth will find the truth of each of us.

Como diretor, tento honrar esses percursos do autor, dos atores, da equipe...

E penso: ser artista num país como o nosso é um privilégio. Sinto que só se torna suportável viver fazendo teatro: transformar em arte a condição que vivemos. Apesar da falta de grana, apesar da falta de respeito com que os governantes nos tratam, apesar de não ter um bilionésimo do poder econômico de grandes agentes da TV, apesar de vivermos num país onde as instituições se desmancham no ar a todo instante, somos artistas.

Pequena flor vermelha no lodaçal em que vivemos. Muitos não percebem sua presença, outros percebem mas acham que a pequena flor é um adorno, insignificante. Mas é através do seu vermelho vivo que surge alguma luz e esperança no meio daquela imensidão disforme e obscura...

As director, I try to honor this path of the actor, the actors, the team...

And I think: being an artist in a country such as ours is a privilege. I feel it is only possible to live by being involved with theater: transforming the condition we live in into art. In spite of a lack of money, in spite of the lack of respect shown by our rulers, in spite of not having a billionth of the economic power of large TV agents, in spite of living in a country where institutions fade into thin air all the time, we are artists.

A small red flower in the quagmire we live in. Many don't notice its presence, others notice but think the small flower is merely decorative, insignificant. But it is through its vibrant red that some light and hope appears amid all that obscure and shapeless immensity...

A VIDA NA PRAÇA ROOSEVELT | 2005 | Ivam Cabral, Soraya Aguillera | Alberto Guzik, Angela Barros, Nora Toledo, Fabiano Machado, Laerte Késsimos, Soraya Aguillera, Julio Carrara, Phedra D. Córdoba, Tatiana Pacor, Daniel Tavares, Cléo De Páris e | and Ivam Cabral

A VIDA NA PRAÇA ROOSEVELT | 2005 | Ivam Cabral, Soraya Aguillera | Cléo De Páris, Tatiana Pacor

A VIDA NA PRAÇA ROOSEVELT | 2005 | Phedra D. Córdoba | Alberto Guzik | Alberto Guzik, Angela Barros

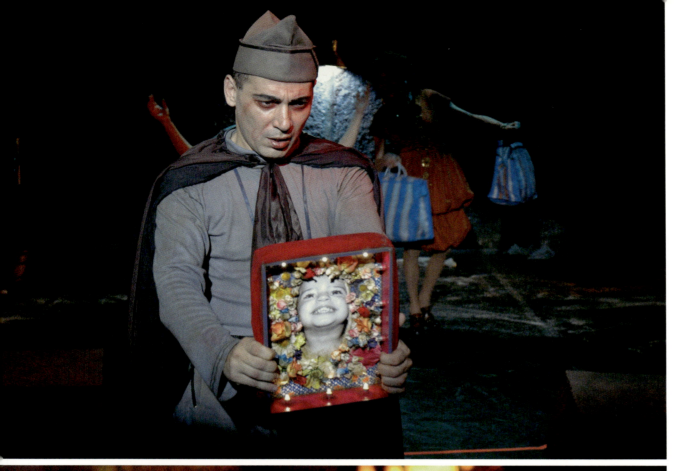

A VIDA NA PRAÇA ROOSEVELT | 2005 | Ivam Cabral, Nora Toledo e | and Fabiano Fereira ao fundo | in the background | 2005 | pág. | page 230 Alberto Guzik

Um grande risco para Os Satyros, para os atores, para a equipe toda. Um risco que vale a pena correr. Afinal, alguém tem que por as mãos e os pés na lama estética para falar da lama ética.

E, se não fizermos isso, o grito ficará entalado na garganta. E morreremos de tédio ou de desespero. Num Brasil tão sonolento diante de tantos episódios obscenos, temos o desejo de um grito absoluto contra tudo o que vem acontecendo nesse gigante adormecido.

2006 Sérgio Guizé, Marçal Costa, Eduardo Chagas, Pablo Humberto, Heitor Saraiva, Savanah Meirelles, Marta Baião, Cleber Soares, Lucas Beda, Rafael Soares, Tomaz Aurichio, Andressa Cabral, Carolina Angrisani, Eveline Maria, Gabriela Fontana, Sabrina Denobile, Chico Ribas, Henrique de Melo, Mauricio Horta, Thiago Azambuja e | and Thiago Salles

texto e direção | text and director Rodolfo García Vázquez

A huge risk for Os Satyros, for the actors, for the whole team. A risk well worth running. After all, someone has to stick their hand and feet in the esthetic mud to talk about ethical mud.

And if we didn't do this, a scream would stick in our throats. And we would die of tedium or despair. In a Brazil so somnolent in the face of so much obscenity, we want to shout out against everything that has been happening in this sleeping giant.

OS 120 DIAS DE SODOMA | 2006 | Hévelin Gonçalves, Chico Ribas e elenco | and cast

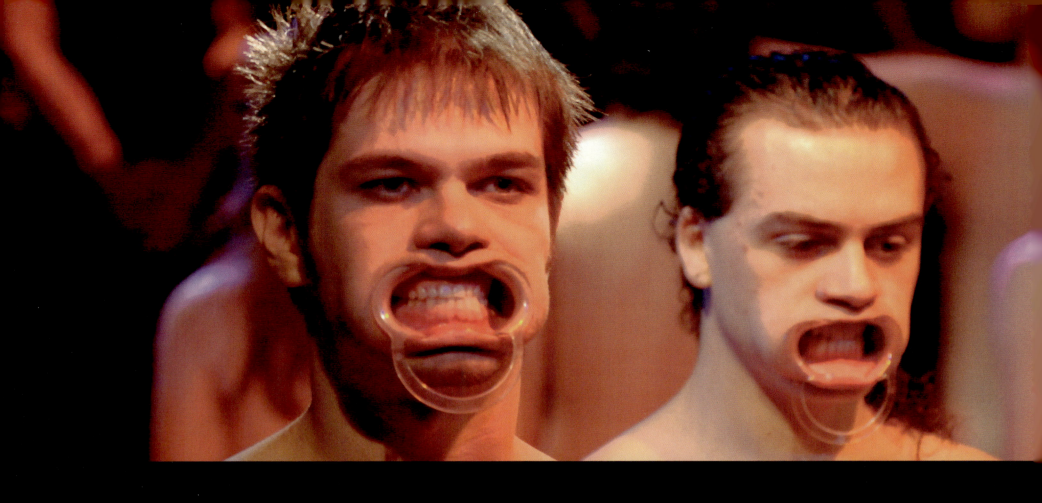

OS 120 DIAS DE SODOMA | 2006 | Henrique de Melo, Jucelino Rosa | Chico Ribas, elenco | cast
| Rafael Mendes | Thiago Azambuja, Andressa Cabral, Sabrina Denobile, Evelin Maria
| 2006 | pág. | page 240 Ana Carina Linares, Thiago Salles, Carolina Angrisani, Evelin Maria

Inocência

Dea Loher

direção | director Rodolfo García Vázquez

2006

Ivam Cabral, Fabiano Machado, Angela Barros, Cléo De Páris, Soraya Saide, Laerte Kessimos, Nora Toledo, Silvanah Santos, Alberto Guzik, Tatiana Pacor, Daniel Tavares, Phedra D. Córdoba e | and **Rui Xavier**

Uma rua na região central da cidade. Jovens espalhados por ambos os lados da calçada. Um carro grande se aproxima da aglomeração e freia bruscamente. Jovens rodeiam o carro e, munidos de marretas, picaretas e serras elétricas, começam a depredar o automóvel. A multidão vai ao delírio. A apoteose acontece quando um dos jovens, cabelo moicano, se aproxima com gasolina e um fósforo e incendeia o veículo diante da plateia extasiada.

Esta cena poderia ser incluída em qualquer *blockbuster* americano, tendo o governador Schwarzenegger ou Van Diesel como protagonista. Mas em Jena, cidade alemã, a performance causou uma grande polêmica. O organizador do evento foi um pastor progressista que administra uma casa de cultura dedicada aos jovens *punks*, drogados e alcoólatras. A performance foi organizada por ele para o encerramento de uma semana de cultura jovem. Os órgãos públicos consideraram a ação não como uma forma de manifestação artística, mas apenas como incitadora da violência. Todos os subsídios dedicados à casa foram suspensos. A polêmica, no entanto, não parou por aí. Vários críticos alemães foram convidados a debater o caso, em artigos intermináveis na imprensa local. O que é arte? Quem define o que é arte?

Duchamps e sua roda, Duchamps e sua gravata, Duchamps e seu urinol.

Duchamps dizia, há cem anos:
"Quem decide o que é arte é o artista!"

A street in the central region of the city. Youths spread out on both sides of the sidewalk. A big car gets closer to the group and brakes sharply. The youths surround the vehicle, and armed with hammers, picks and chainsaws, the begin smashing the car. The crowd becomes wild. The grand finale takes place when two kids, with mohawks, move closer with gasoline and a match, setting fire to the vehicle in front of the deranged audience.

This scene could be included in any American blockbuster, with governor Schwarzenegger or Vin Diesel in the lead role. But in the German city of Jena, the performance caused public outcry. The organizer of the event was a liberal preacher who runs a cultural center for young punks, victims of drug and alcohol abuse. The performance was organized by him for the closing of a youth culture week. Public authorities did not see the action as a form of artistic manifestation, but rather as something inciting violence. All of the financial aid dedicated to the center was suspended. The controversy, however, did not stop there. A number of German critics were invited to debate the case, in interminable articles in the local press. What is art? Who defines what art is?

Duchamps and his wheel, Duchamps and his tie, Duchamps and his urinal.

A hundred years ago, Duchamps said:
"The artist decided what is art!"

INOCÊNCIA | 2006 | Ivam Cabral, Tatiana Pacor, Phedra D. Córdoba, Nora Toledo, Alberto Guzik, Rui Xavier, Daniel Tavares

| 2006 | Phedra D. Córdoba | Ruy Xavier, Tatiana Pacor | Ivam Cabral e | and Fabiano Machado

Interessante observar que a cena "censurada" repete-se à exaustão na indústria do cinema americano, com formas ainda mais violentas. O jogo de desrepressão/repressão que a indústria cultural propõe é executado à perfeição e rende lucros fantásticos. No entanto, um grupo de punks retomando a ideia e pervertendo sua intenção original de manipulação, é acusado de não fazer arte. Talvez simplesmente por que nenhum produtor de cinema americano ainda não os tenha conhecido.

O poder transgressivo da arte é o meio.

Do outro lado do oceano, numa leitura dramática, um dramaturgo jovem é confrontado com as opiniões do público que acaba de assistir à leitura de seu texto. Um dramaturgo, sentado na plateia, do alto de seus 30 anos de teatro, pede a palavra e diz o seguinte: "isto não pode ser teatro. Isto não é teatro."

It is interesting to note that the "censured" scene is repeated to exhaustion in the American cinema industry, with forms showing even more violence. The game of derepression/repression that the cultural industry proposes is executed to perfection and yields excellent returns. However, a group of punks taking back the idea and perverting its original intention of manipulation is accused of not creating art. Perhaps simply because no American producers had met them yet.

The transgressive power of art is the means.

On the other side of the ocean, in a dramatic reading, a young playwright is confronted by the opinions of the public who have just watched the reading of his text. A playwright, sitting in the audience, with thirty years experience in theater, asks to say a few words and says the following: "this cannot be theater. This is not theater."

INOCÊNCIA | 2006 | Silvanah Santos, Alberto Guzik | Ivam Cabral, Nora Toledo
| 2006 | pág. I page 250 Cléo De Páris, Ivam Cabral | Cléo De Páris, Ivam Cabral

Os vanguardistas de cem anos atrás parecem nossos avós e quadros "obscenos" de Picasso, Brique e outros grandes revolucionários estão pendurados por aí nas paredes de grandes corporações. Tchekov, o autor incompreendido, tornou-se nosso modelo para o bom teatro burguês. Adorno, o maior pensador da estética na modernidade, elevara a categoria do "novo" a princípio fundamental da experiência artística no capitalismo tardio. Mas o fato é que essa categoria exauriu-se e, agora, observamos indiferentes o vazio que se segue a ela. Essa é a condição que nos cerca. E muitos dizem que ainda vivemos sob a égide da modernidade...

O fato é que estamos vivendo o refluxo do *boom* da modernidade, naquilo que alguns chamam o vazio da arte. O fim da história de Fukuyama coincide com o fim da arte.

The vanguardists from a hundred years ago seem like our grandfathers and "obscene" paintings by Picasso, Brique and other great revolutionaries are hung on the wall of large corporations. Tchekov, the misunderstood author, became our model for the good bourgeois theater. Adorno, the greatest esthetic thinker of our time, elevated the category of "new" to the fundamental principle of artistic experience in late capitalism. But the fact is that this category exhausted itself and now we indifferently observe the emptiness that follows it. This is the condition that surrounds us. And many say that we still live under the aegis of modernity...

The fact is that we are living the reflux of the modernity boom, in that which some call the emptiness of art. The end of the history of Fukuyama coincides with the end of art.

Mas sempre vai haver uma alternativa para o teatro. E, quanto mais premente for o princípio de realidade, mais necessidade teremos de quebrar esse paradigma e procurar, através do teatro, expressar os dilemas mais dilacerantes da condição humana.

O teatro não é isso ou aquilo.

Ele vai assumir as mais variadas formas, à medida em que ainda estivermos vivos e sonhando com uma utopia.

O teatro pode ser muitas coisas, todas as coisas. O teatro pode, inclusive, tomar formas extremamente tradicionalistas, rígidas e limitadoras, e a popularidade do kabuki e do nô japoneses são provas disso. O teatro pode ser mal-feito, bem-feito, sem dinheiro, com dinheiro... A verdade da experiência teatral resiste a tudo, inclusive ao nosso olhar crítico.

But there will always be an alternative to theater. And the more urgent the principle of reality, the more necessary it will be to break this paradigm and seek, by means of theater, to express the most grievous dilemmas of the human condition.

Theater is neither this nor that.

It will assume the most varied forms, as long as we are still alive and dreaming of a utopia.

Theater can be many things, everything. Or theater can even take on very traditional forms, strict and limited, and the popularity of Japanese Kabuki and Noh are proof of this. Theater can be poorly executed, well executed, without money, with money... The truth of the theater experience resists everything, including our critical opinion.

INOCÊNCIA | 2006 | Laerte Kessimos, Daniel Tavares, Tatiana Pacor, Nora Toledo | Ivam Cabral

INOCÊNCIA | 2006 | Silvanah Santos | Silvanah Santos

Hamlet
Gasshô

Germano Pereira
direção | director Rubens Ewald Filho

2007 **Germano Pereira, Ondina Castilho, Mariana Nunes, ZéDu Neves, Murilo Meola, Ivan Capúa, Rita Fernandes, Vanessa Carvalho, Vlamir Sybilla, Murilo Sales, Raphael Souza** e | and **João Nunes**

Tanto se fala de inclusão social, mas não se fala de inclusão teatral. Será que o teatro não deve abrir espaço para quem nunca pôde fazer teatro?

**

O teatro geralmente é feito por quem faz dieta o tempo todo para quem faz dieta de vez em quando. E os que passam fome não têm direito a fazer e assistir teatro?

So much is said about social inclusion, though no one seems to mention theatrical inclusion. Shouldn't theater perhaps make room for those who can never partake of theater?

**

Theater is generally created by those constantly on diets for those that follow diets every so often. And do those who go hungry not have a right to create theater?

HAMLET GASSHÔ | 2007 | Murilo Meola, Germano Pereira
2007 | pág. | page 258 Ondina Castilho, Germano Pereira | Ondina Castilho, ZéDu Neves, Mariana Nunes, Germano Pereira

O dia das crianças

Sérgio Roveri
direção | director Ivam Cabral

2007 Cléo De Páris, Fábio Penna, Rodrigo Frampton,
Tiago Leal, Rodrigo Gaion e | and Zeza Mota

Participação em vídeo | Participating in the video
Paulo Autran, Renato Borghi, Adriane Galisteu,
Denise Fraga, Lucélia Machiaveli, Parlapatões
e atores do grupo Os Satyros | and Os Satyros actors

O DIA DAS CRIANÇAS | 2007 | Rodrigo Frampton, Tiago Leal, Fábio Penna, Zeza Mota, Cléo De Páris e | and
Rodrigo Gaion | Cléo De Páris, Laerte Késsimos, Fábio Penna | Rodrigo Frampton

O DIA DAS CRIANÇAS | 2007 | Participação em vídeo de Paulo Autran | Video Participation by Paulo Autran

O DIA DAS CRIANÇAS | 2007 | Laerte Késsimos, Fábio Penna | Zeza Mota, Cléo De Páris, Rodrigo Gaion

CIDADÃO DE PAPEL | 2007 | Rafael Ferro, Gustavo Ferreira, Alessandro Hernandez, Renata Bruel, Priscila Dias
| Renata Bruel, Tiago Moraes, Alessandro Hernandez | Elenco | Cast

cidadão de papel

Sérgio Roveri
direção | director Ivam Cabral

2007 Alessandro Hernandez, Gustavo Ferreira,
Marcos Ferraz, Priscila Dias, Rafael Ferro,
Renata Bruel e | and Tiago Moraes

O Amor do Sim
Mário Viana
direção | director Alexandre Reinecke
elenco | cast Adão Filho, Angela Barros,
Flávia Garrafa e | and Otávio Martins

Na Noite da Praça
Alberto Guzik
direção | director Luiz Valcazaras
elenco | cast Álvaro Franco, Marilia de Santis,
Ricardo Correa e | and Rodrigo Fregnan

Impostura
Marici Salomão
direção | director Fernanda D'Umbra
elenco | cast Fernanda D'Umbra,
Mário Bortolotto e | and Patrícia
Leonardelli

Hoje é Dia do Amor
João Silvério Trevisan
direção | director Antonio Cadengue
elenco | cast Gustavo Haddad

A Noite do Aquário
Sérgio Roveri
direção | director Sérgio Ferrara
elenco | cast Clara Carvalho, Chico
Carvalho e | and Germano Pereira

**Assassinos, Suínos e Outras
Histórias na Praça Roosevelt**
Sérgio Roveri
direção | director Sérgio Ferrara
elenco | cast Clara Carvalho, Chico
Carvalho e | and Germano Pereira

Uma Pilha de Pratos na Cozinha
Mário Bortolotto
direção | director Mário Bortolotto
elenco | cast Alex Grulli, Eduardo
Chagas, Paula Cohen e | and Otávio
Martins

E SE FEZ A PRAÇA ROOSEVELT EM 7 DIAS | O AMOR DO SIM | 2007 | Angela Barros, Otávio Martins e | and Flávia Garrafa

E SE FEZ A PRAÇA ROOSEVELT EM 7 DIAS | NA NOITE DA PRAÇA | 2007 | Ricardo Correa, Rodrigo Fregnan, Marilia de Santis e | and Álvaro Franco
IMPOSTURA | 2007 | Mário Bortolotto, Fernanda D'Umbra e | and Patrícia Leonardelli | HOJE É DIA DO AMOR | 2007 | Gustavo Haddad

E SE FEZ A PRAÇA ROOSEVELT EM 7 DIAS | ASSASSINOS, SUÍNOS E OUTRAS HISTÓRIAS NA PRAÇA ROOSEVELT | 2007 | Eduardo Chagas
| A NOITE NO AQUÁRIO | 2007 | Germano Pereira, Clara Carvalho e | and Chico Carvalho

E SE FEZ A PRAÇA ROOSEVELT EM 7 DIAS | UMA PILHA DE PRATOS NA COZINHA | 2007 | Otávio Martins, Alex Grulli, Eduardo Chagas | Otávio Martins e | and Paula Cohen

vestido de noiva

Nelson Rodrigues

direção | director Rodolfo García Vázquez

2008 Norma Bengell/Helena Ignez, Cléo De Páris, Nora Toledo,
Ivam Cabral, Alberto Guzik, Silvanah Santos, Laerte Késsimos,
Phedra D. Córdoba, Gisa Gutervil, Denis Guimarães, Laura Giordana,
Paulo Ribeiro, Renata Novaes, Ricardo Leandro e | and Thiago Guastelli

VESTIDO DE NOIVA | 2008 | Ivam Cabral, Helena Ignez, Cléo De Páris | Cléo De Páris, Norma Bengell, Nora Toledo

VESTIDO DE NOIVA | 2008 | Ivam Cabral

VESTIDO DE NOIVA | 2008 | Ivam Cabral, Norma Bengell | Norma Bengell

VESTIDO DE NOIVA | 2008 | Ivam Cabral, Selma Trajano | Norma Bengell, Cléo De Páris

LIZ

Reinaldo Montero
direção | director Rodolfo García Vázquez

2008 Cléo De Páris, Ivam Cabral, Fábio Penna, Germano Pereira,
Brígida Menegatti, Alberto Guzik, Silvanah Santos,
Phedra D. Córdoba, Tiago Leal, Julia Bobrow e | and Chico Ribas

LIZ | 2009 | Ivam Cabral | Cleo De Páris, Germano Pereira
| 2009 | pág. | page 291 Phedra D. Cordóba, Silvanah Santos

Não, nossa estética não é obscurecida pela revitalização da Praça e pelas Satyrianas. Ao contrário, elas fazem parte da nossa estética. Não somos máquinas produtoras de espetáculos teatrais em salas fechadas com técnicas de criação fechadas hermeticamente em um programa estético imutável, somos um grupo de artistas velozes que intervem e propõe novos paradigmas. Se vão demorar para ser compreendidos esses novos paradigmas do que é o teatro, do que pode ser a ágora contemporânea chamada teatro, não é uma questão nossa. O tempo vai se encarregar de esclarecer isso.

No, our esthetics have not been obscured through the Square's revitalization by the Satyrianas. To the contrary, they are part of our esthetics. We are productive machines of theatrical shows in closed halls with creation technicians hermetically locked away in an immutable esthetic program, we are a group of fast artists that intervene and propose new paradigms. If it takes a while to understand what these new paradigms of theater are, what the contemporary agora called theater could be, is not for us to decide. Time will clarify this.

LIZ | 2009 | Ivam Cabral | Julia Bobrow

LIZ | 2009 | Alberto Guzik, Cléo De Páris | Cléo De Páris e | and Fabio Penna

Então eu conto à jornalista de Recife sobre o nosso projeto no Pantanal. Ela pergunta:

– Então é um projeto de inclusão social através do teatro?

– Desculpe, mas inclusão social de quem? Incluir o que em relação a quê? Somos nós que precisamos ser incluídos na vida daquela comunidade.

So I told the journalist from Recife about our project in the Pantanal. She asked:

– So it is a social inclusion project through theater?

– Sorry, but social inclusion of who? Include what in terms of what? It is we who need to be included in the life of that community.

LIZ | 1998 | Cléo De Páris | Tiago Leal, Brígida Menegatti | Chico Ribas e | and Alberto Guzik

O amante de Lady Chatterley

Germano Pereira
direção | director Rubens Ewald Filho

2008

Germano Pereira, Ana Carolina Lima e | and **Ailton Guedes**

O AMANTE DE LADY CHATTERLEY | 2008 | Ana Carolina Lima, Germano Pereira

O AMANTE DE LADY CHATTERLEY | 2008 | Germano Pereira e Ana Carolina Lima | Germano Pereira

| 2008 | Ailton Guedes | Ana Carolina Lima, Germano Pereira

Uma atriz, alguns dizem que era Cacilda, eu tenho a impressão que era Maria Della Costa, dizia uma frase que muitos dizem com o maior orgulho:

"Não me peça para dar a única coisa que eu tenho para vender!"

Acho que essa frase ficava pendurada na porta do teatro e era uma forma de afastar os amigos que ficam pedindo convites para assistir às peças.

Agora vivemos num tempo em que a gente deve dizer outra frase ao mercado, à indústria cultural, à Globo e à Record, aos *patrocinadores-gerentes-de-marketing-de-estatais-e-pública*. Falando da sua consciência, da sua arte, da sua visão de mundo, o artista de verdade vai dizer:

"Não me peça para vender a única coisa que eu tenho para dar!"

An actress, some say it was Cacilda, I have the impression, though, that it was Maria Della Costa, spoke a phrase that many say with the utmost pride:

"Don't ask me to give away the only thing I have to sell!"

I think this phrase was hung from the door of the theater and it was a way of keeping friends away who always asked for free tickets to watch performances.

We are now living in a time that calls for a different phrase to be said to the market, to the cultural industry, to Globo and Record, the state-and-government-marketing-manager-sponsors. Speaking of their conscience, their art, their view of the world, real artists will say:

"Don't ask me to sell the only thing I have to give away!"

O AMANTE DE LADY CHATTERLEY | 2008 | Ana Carolina Lima e | and Germano Pereira

O monólogo da velha apresentadora

Marcelo Mirisola
direção | director Josemir Kowalick

2009

Alberto Guzik, Chico Ribas

A sociedade produz a arma e providencia a bala. O artista só precisa disparar.

No tempo das realidades virtuais, da internet, das comunicações globais, os humanos anônimos precisam de fisicalidade novamente, recuperar a tribo... o teatro, drama primitivo, é absolutamente necessário e urgente. O teatro e seu fedor...

Society produces the weapon and provides the bullet. The artist only needs to pull the trigger.

In the era of virtual realities, of the Internet, of global communication, anonymous humans once again need physicality, to recover the tribe... theater, primitive drama, it is absolutely necessary and urgent. The theater and its stench...

O MONÓLOGO DA VELHA APRESENTADORA | 2009 | Alberto Guzik
| montagem fotográfica com | photographic montage with Alberto Guzik

MONÓLOGO DA VELHA APRESENTADORA | 2009 | Alberto Guzik, Chico Ribas | Alberto Guzik

Cansei de tomar Fanta

Alberto Guzik
direção | director Daniel Tavares

2009
Cléo De Páris e | and Fábio Penna

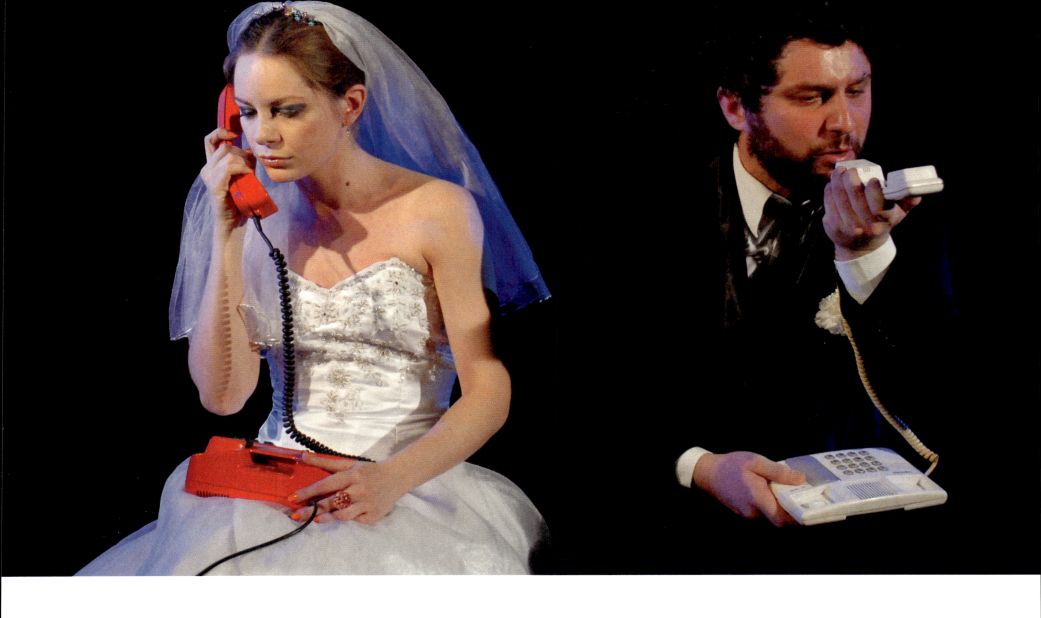

CANSEI DE TOMAR FANTA | 2009 | Cléo De Páris | Fabio Penna | Cléo De Páris e | and Fabio Penna

JuStine

texto e direção | text and director Rodolfo García Vázquez

2009 Andressa Cabral, Érika Forlim, Antônio Campos, Carolina Angrisani, Marta Baião, Marcelo Tomás, Ruy Andrade, Danilo Amaral, Diogo Moura, Eduardo Prado, Angrey Fiel, Gisa Gutervil, Henrique Mello, Luana Tanaka, Luisa Valente, Mauro Persil, Robson Catalunha, Rodrigo Souza, Samira Lochter, Tiago Martelli e | and Marcelo Jacob

JUSTINE | 2009 | Andressa Cabral, Marcelo Tomás, Mauro Persil

JUSTINE | 2009 | Carolina Angrisani, Andressa Cabral
| 2009 | pág. | page 316 Mauro Persil | Mauro Persil, Andressa Cabral e elenco | and cast

JUSTINE | 2009 | Marta Baião, Luana Tanaka | Elenco | Gisa Gutervil, Andressa Cabral
| 2009 | pág. | page 321 Marta Baião, Antônio Campos, Marcelo Tomás, Henrique de Melo

JUSTINE | 2009 | Antônio Campos, Carolina Angrisani, Luisa Valente, Mauro Persil, Samia Lochter, Tiago Martelli, Robson Catalunha | Elenco e | Cast and Andressa Cabral | 2009 | pág. | page 324 Elenco | Cast, Andressa Cabral e | and Marcelo Tomás

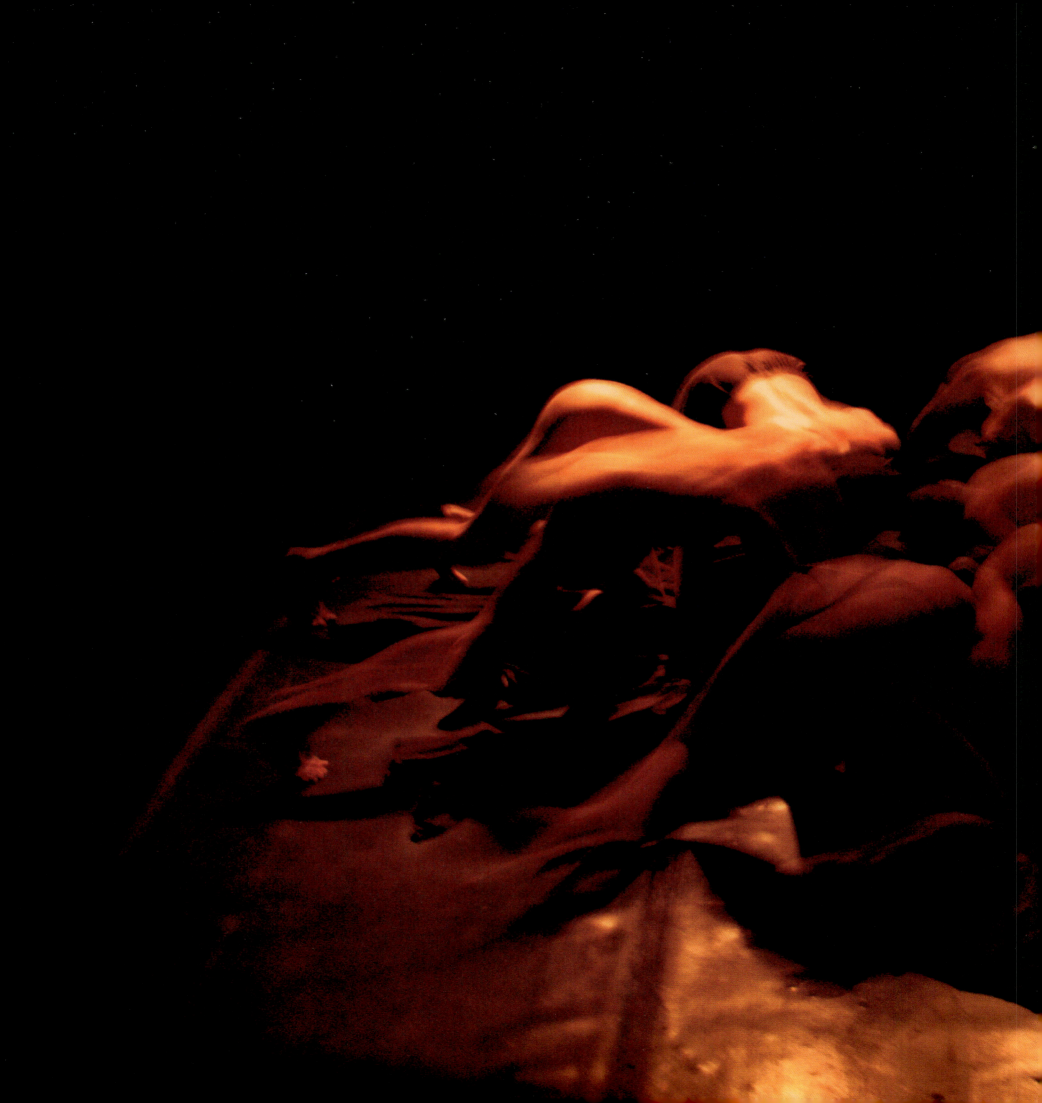

JUSTINE | 2009 | Elenco | Cast

| 2009 | Robson Catalunha, Érika Forlim e | and Elenco | Cast

328

Os satyros, da cooperativa paulista de teatro, apresentam:

Ramón Dell Valle-Inclán

tradução e adaptação
ivam Cabral e Rodolfo García Vázquez

Divinas Palavras
Uma tragicomédia de aldéia global

Direção Rodolfo García Vázquez

"Divinas Palavras"

Os Satyros, da Cooperativa Paulista de Teatro apresenta:
Alberto Guzik, Ivam Cabral, Soraya Saide e Fabiano Machado,
Tatiana Pacor, Marcela Randolph, Laerte Késsimos e a participação especial
de Phedra D. Córdoba e Savana Meirelles em:

De quinta a sábado às 21h30
Domingo às 21h

Transex
Texto e direção Rodolfo García Vázquez

Espaço dos Satyros
Praça Roosevelt, 214 - Tel.11 3258 6345
www.satyros.com.br

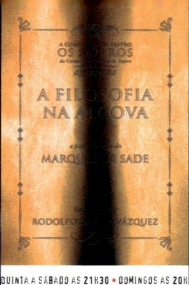

Os satyros, da cooperativa paulista de teatro, apresenta:

COSMOgonia
experimento nº1

ivan cabral
cléo de páris

texto e direção:
rodolfo garcía vázquez

A COOPERATIVA TEATRO
ÓS SATYROS
de Cooperativa Paulista de Teatro

A FILOSOFIA NA ALCOVA
a partir da obra de
MARQUÊS DE SADE

RODOLFO GARCÍA VÁZQUEZ

QUINTA A SÁBADO AS 21H30 • DOMINGOS AS 20H
ESPAÇO DOS SATYROS DOIS • PRAÇA ROOSEVELT 184 • CONSOLAÇÃO

os satyros

apresentam um empreendimento
de rodolfo garcía vázquez

tradução e adaptação de
rodolfo garcía vázquez e nomi jacobi

pacto de sangue

melodrama para marionetes e silhuetas

direção
rodolfo garcía vázquez

OS SATYROS
apresentám

SADES
OU NOITES COM OS PROFESSORES IMORAIS

Concepção.:
RODOLFO VAZQUEZ GARCIA

Estréia Nacional: Junho/90 - Teatro Guaíra
auditório Salvador de Ferrante, Curitiba/PR

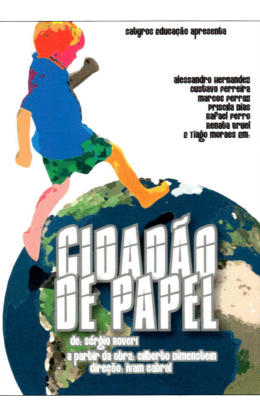

satyros educação apresenta

alessandro hernandez
gustavo ferreira
marcos ferraz
priscila dias
rafael ferro
renata bruel
e Tiago moraes em:

CIDADÃO DE PAPEL

de: sérgio roveri
a partir da obra: gilberto dimenstein
direção: ivam cabral

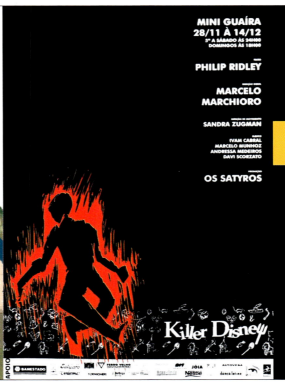

MINI GUAÍRA
28/11 À 14/12
5ª A SÁBADO ÀS 24H00
DOMINGOS ÀS 18H00

PHILIP RIDLEY

MARCELO MARCHIORO

SANDRA ZUGMAN

IVAM CABRAL
MARCELO MUNHOZ
ANDRESSA MEDEIROS
DAVI SCORZATO

OS SATYROS

Killer Disney

e se fez a praça roosevelt em 7 dias

satyrianas

um
algum saudação
primavera

cronologia
timeline

AVENTURAS DE ARLEQUIM
Texto | By Rodolfo García Vázquez, Ivam Cabral
Direção e Iluminação | Director and Lighting Rodolfo García Vázquez
Elenco | Cast Ivam Cabral, Lauro Tramujas, Susana Borges,
Mariyvone Klock, Rosemeri Ciupak, Camasi Guimarães
Teatro Zero Hora São Paulo SP
Setembro | September 1989

UM QORPO SANTO DOIS – REVISITANDO
Texto e direção | Text and Director Rodolfo García Vázquez
Elenco | Cast Ivam Cabral, Lauro Tramujas, Mariyvone Klock,
Camasi Guimarães, Mário Rebouças, Islaine Campos,
Luiz Augusto Alper, Susana Borges, Wagner Santos, Edla Pedroso,
Nello Marrese, Rosemeri Ciupak, Evânia Jacobino, Christian Landgraf
Estação Madame Satã São Paulo Novembro | November 1989

SADES OU NOITES COM OS PROFESSORES IMORAIS
De | By Rodolfo García Vázquez, a partir da obra | based on
"A Filosofia na Alcova", do Marquês de Sade | by Marquis de Sade
Direção | Director Rodolfo García Vázquez
Elenco | Cast Ivam Cabral, Silvanah Santos, Mariyvone Klock,
Camasi Guimarães, Pitxo Falconi, Mário Rebouças, Regina Gomes
Teatro Guaíra - Auditório Salvador de Ferrante Junho
| June 1990 Curitiba

A PROPOSTA
Texto | By Rodolfo Garcia Vázquez ,Ivam Cabral, a partir da obra | based on
"O Pedido de Casamento", de | by Anton Tchecov
Direção | Director Rodolfo García Vázquez
Elenco | Cast Luiz Augusto Alper, Valéria Di Pietro, Emerson Caperbat,
Rosemeri Ciupak, Renata Sépa, Angela Leme
Teatro Bela Vista Abril | April 1991 São Paulo

SALÓ, SALOMÉ
Texto | By Rodolfo García Vázquez, Ivam Cabral
Direção | Director Rodolfo García Vázquez
Elenco | Cast Tatiana Szymczakowski, Ivam Cabral/Wagner Santos,
Idelleni do Amaral, Eduardo Chagas, Penha Dias, Susana Brum,
Néviton de Freitas, Fauze El Kadre, Jane Patricio, Márcia Jaques,
Mônica Negro, Robson Pallazini, Joel Marques, Ricardo Squarzoni,
Elília Reis, Ivo Zatti, Regis Richelly, Lucicleide Costa,
Wander Monteiro, Gláucia Maria, Jô Santucci, Fábio Barbosa
Teatro Bela Vista Agosto | August 1991 São Paulo

UMA ARQUITETURA PARA A MORTE
Texto e direção | Text and Director Ivam Cabral
Elenco | Cast Tatiana Szymczakowski
Teatro Bela Vista Novembro | November 1991 São Paulo

MUNACUYAY
Texto | By Rodolfo García Vázquez, Ivam Cabral
Direção | Director Paulo Fabiano
Elenco | Cast Maria Ferreira, Soraya Aguillera, Paulo Fabiano,
Silvia Altieri, Camasi Guimarães, Jardel Amato, Patrícia Zerino,
Celso Alves, Claudia Cavicchia, Elisa da Silva Prado,
Marília Chiaramelli, Claudeci Oliveira, Isnar Oliveira,
Claudinei José, Davi Martins, Jorge Cristal, Zeca Moutinho,
Maurício Maia, Mauro Nobuga, Rosana Pereira
Teatro Bela Vista Abril | April 1992 São Paulo

VIVA A PALHOÇA
Texto e direção | Text and Director Rodolfo García Vázquez
Elenco | Cast Andrea Aurichio, Antonio da Câmara,
Savanah Meirelles, Cláudia de Moraes Rato, Denise Vieira,
Eduardo Nunes, Emílio Orciollo Neto, Glauco Ibrahim,
Idivaldo de Freitas, Jeff Rebello, José Roberto Correia, Junior Ramos,
Maurício Sterchelli, Paulo Del Castro, Penha Davidowitch,
Rangel Brighmann, Regina Girão, Vera Luz, Leandra Correa
e apresentando o garoto | and presenting Mauricio Neto
Centro Cultural Vergueiro | (cultural center), Setembro
| September 1992 São Paulo

A FILOSOFIA NA ALCOVA
Texto | By Rodolfo García Vázquez, a partir da obra homônima do
Marquês de Sade | based on the homonymous work by Marquis de Sade
Direção | Director Rodolfo García Vázquez
Elenco | Cast Ivam Cabral, Silvanah Santos, Silvia Altieri,
Andréa Rodrigues, Daniel Gaggini, Marcelo Moreira,
Pedro Laginha, Bia Almeida
Teatro Ibérico Janeiro | January 1993 Lisboa | Lisbon Portugal

RUSTY BROWN EM LISBOA
Texto | By Rodolfo García Vázquez, a partir da obra homônima de
| based on the homonymous work by Miguel Barbosa
Direção | Director Rodolfo García Vázquez
Elenco | Cast Silvanah Santos, Ivam Cabral, Dimi Cabral, Daniel Gaggini,
Pedro Laginha, Silvia Altieri, Old Soares, Isabel Laginha, Patrícia Julieta,
Elsa Barão, Nuno Laginha, Lili Machado, Carlos Nascimento, Mônica Bravo,
Tiago Simões, Patrícia Cerqueira, Luis Falcão, Fátima Monteiro
Ritz Clube Maio | May 1993 Lisboa | Lisbon Portugal

DE PROFUNDIS
Texto | By Ivam Cabral, a partir da obra de | based on the work of Oscar Wilde
Direção | Director Rodolfo García Vázquez
Elenco | Cast Ivam Cabral, Lauro Tramujas, Silvanah Santos,
Daniel Gaggini, Pedro Laginha, Silvia Altieri, Marcelo Moreira,
Andréa Rodrigues
Bartart Maio | May 1993 Lisboa | Lisbon Portugal

SAPPHO DE LESBOS
Texto | By Ivam Cabral, Patrícia Aguille
Direção | Director Rodolfo García Vázquez
Elenco | Cast Gilda Nomace/Patricia Aguille, Silvanah Santos,
Mara Manzan, Andréa Rodrigues, Patrícia Viana, Paula Rosa,
Sara Soares, Sofia Benasulin, Sofia Borges e as percussionistas
| and the percussionists Maria João, Sofia Pascoal, Zia
Teatro Ibérico Janeiro | January 1995 Lisboa | Lisbon Portugal

VALSA Nº 6
Texto | By Nelson Rodrigues
Direção | Director Rodolfo García Vázquez
Elenco | Cast Marta Furtado
Teatro da Trindade Março | March 1995 Lisboa | Lisbon Portugal

QUANDO VOCÊ DISSE QUE ME AMAVA
Texto e direção | Text and Director Rodolfo García Vázquez
Elenco | Cast Ivam Cabral, Jeanine Rhinow
Teatro do Grand Hotel Rayon Setembro | September 1995 Curitiba

WOYZECK
Texto | By Georg Büchner
Direção | Director Rodolfo García Vázquez
Elenco | Cast Pedro Laginha, Margarida Pinto Correia, Silvanah Santos,

Sylvie Rocha, Pedro Martinho, Alexandre Guedes de Sousa,
Catarina Parrinha, Cláudia Gaiolas, Júlio Mesquita, Nury Ribeiro,
Paulo Campos dos Reis, Raul Oliveira, Ramon de Mello,
Sandra Simões, Sofia Nicholson, Solange Fponto, Vivian Reys
Teatro da Trindade Janeiro | January 1996 Lisboa | Lisbon Portugal

HAMLET-MACHINE
Texto | By Heiner Müller
Direção | Director Rodolfo García Vázquez
Elenco | Cast Pedro Martinho, Inácio Amaral, Alexandre Guedes de Sousa,
Ana Margarida Videira, Andrea Matias, Catarina Parrinha, Inês de Carvalho,
Luís Carmelo, Nury Ribeiro, Rita Frazão, Solange Fponto
Museu da Cidade de Lisboa Maio | May 1996 Portugal

PROMETEU AGRILHOADO
Texto e direção | Text and Director Rodolfo García Vázquez
Elenco | Cast Edson Bueno, Fabiana Ferreira, Mazé Portugal,
Rui Quintas, Davi Scorzato, Geane Saggioratto, Marcelo Natel,
Geisa Müller, Mônica Keller, Marley Mello, Adriana Lima
Teatro da Fábrika Junho | June 1996 Curitiba

ELECTRA
Texto | By Ivam Cabral
Direção | Director Rodolfo Garcia Vázquez
Elenco | Cast Silvanah Santos, Hélio Barbosa, Ana Fabrício,
Clarice Bueno, Cleci Pagnussatti, Jewan Antunes
e a participação especial de | and a special appearance by Lala Schneider
Teatro Guaíra - Auditório Salvador de Ferrante Janeiro
| January 1997 Curitiba

DIVINAS PALAVRAS
Texto | By Ramón Del Valle-Inclán
Direção | Director Rodolfo García Vázquez
Elenco | Cast Silvanah Santos, Alina Vaz, Augusto Leal, Rui Quintas,
Ana Eduardo Ribeiro, Andréa Pita, Bruno Lewinski, Cláudia Jardim,
Fauze El Kadre, Isabel Valente, Isa Alves, Magda Novais, Manuel da Silva,
Mário Rui Filipe, Mônica Garcez, Nuno Bento, Paula Diogo, Rita Ferreira,
Rogério Alcântara, Rui Miguel Lopes, Sandra Simões, Ana Cristina Almeida,
Alexandra Mendes, Fernando Ferreira, Isabel Mota, Paula Magalhães,
Pedro Oliveira, Ricardo Santos, Sandra Calçado, Sandra Marisa,
Sonia Mendes, Teresa Garcia, Vítor Simões e a banda
| and the band Angelvs (Branco, Luis Vieira, Mafalda Nascimento,
Mariana Fidalgo, Pedro Cipriano, Rogério Santos)
Museu da Eletricidade Setembro | September 1997 Lisboa
| Lisbon Portugal

KILLER DISNEY
Texto | By Philip Ridley
Direção | Director Marcelo Marchioro
Elenco | Cast Ivam Cabral, Marcelo Munhoz, Davi Scorzato,
Andressa Medeiros
Teatro Guaíra – Auditório Glauco Flores de Sá Britto
Novembro | November 1997 Curitiba

URFAUST
Texto | By J. W. Goethe, a partir da tradução de Gérard de Nerval
| based on Gérard de Nerval's translation
Direção | Director Rodolfo García Vázquez
Elenco | Cast Ivam Cabral, Tereza Seiblitz, Brígida Menegatti,
Maurício Souza Lima, Adolfo Pimentel, Bia Franzolin, Lauro Tramujas,
Patrícia Vilela, Tiago Chiminazzo, Maristela Canário Cella
Teatro Guaíra - Auditório Salvador de Ferrante Março | March 1998
Curitiba

OS CANTOS DE MALDOROR
Texto | By Ivam Cabral, a partir da tradução de Cláudio Willer para a
obra de Lautréamont | based on Cláudio Willer's translation of Lautréamont's work
Direção | Director Rodolfo García Vázquez
Elenco | Cast Ivam Cabral, Silvanah Santos, Mazé Portugal, Patrícia Vilela,
Marcilene Santilli, Adriano Butschardt, Gláucia Domingos
e Marcelo Jorge Erven Participação Especial Natália Costa Cabral,
Priscila Costa Cabral e João Pedro Fabrício Meira Albach
(vozes em *off* | offstage voices)
Espaço do Grupo Resistência Agosto | August 1998 Curitiba

MEDEA
Texto | By Ivam Cabral, Ana Fabrício
Direção | Director Rodolfo García Vázquez
Elenco | Cast Silvanah Santos, Ana Fabrício, Marcelo Jorge Erven,
Mazé Portugal, Adriano Butschardt, Eddie Moraez,
Fabiano Machado, Gláucia Domingos, Magno Mikosz,
Maristela Canário Cella, Guaraci Martins
Teatro Paulo Autran Novembro | November 1998 Curitiba

A FARSA DE INÊS PEREIRA
Texto | By Ivam Cabral, a partir da obra homônima de
| based on the homonymous work by Gil Vicente
Direção | Director Rodolfo García Vázquez
Elenco | Cast Mazé Portugal, Tadeu Peronne, Eddie Moraez,
Adolfo Pimetel, Yara Marçal, Marina Camargo, Thalita Freire-Maia
Casa Vermelha Julho | July 1999 Curitiba

CORIOLANO
Texto | By William Shakespeare
Direção | Director Rodolfo García Vázquez
Elenco | Cast Heitor Saraiva, Silvanah Santos, Germano Pereira,
Fabiano Machado, Adolfo Pimentel, Eddie Moraez, Laudemir Reck,
Luis Benkard, Marcos Neves, Thalita Freire-Maya, Daniel Pimentel,
Edson Galiotto, Helder Clayton Silva
Espaço dos Satyros – Comendador Macedo Agosto
| August 1999 Curitiba

A MAIS FORTE
Texto | By Strindberg ("A Mais Forte") e | and Schiller ("Mary Stuart")
Texto incidental e direção | Incidental Text and Director Rodolfo García Vázquez
Elenco | Cast Ana Fabrício, Silvanah Santos, Fabiano Machado,
Germano Pereira
Espaço dos Satyros – Comendador Macedo Agosto
| August 1999 Curitiba

A DANÇA DA MORTE
Texto | By August Strindberg
Direção | Director Rodolfo García Vázquez
Elenco | Cast Mazé Portugal, Mário Schoemberger, Hélio Barbosa,
Germano Pereira, Brígida Menegatti
Teatro Guaíra - Auditório Salvador de Ferrante Março
| March 2000 Curitiba

PACTO DE SANGUE
Texto | By Ramón del Valle-Inclán
Direção | Director Rodolfo García Vázquez
Elenco | Cast Ivam Cabral, Germano Pereira, Mazé Portugal,
Letícia Coura, Magno Mikosz, Tadeu Peronne, Daniel Gaggini,
Marcelo Jorge Erven, Luciane Gomes, Patrícia Vilela,
Manoela Amaral
Espaço dos Satyros – Comendador Macedo Setembro | September
2000 Curitiba

RETÁBULO DA AVAREZA, LUXÚRIA E MORTE
Texto | By Ramón del Valle-Inclán
Direção | Director Rodolfo García Vázquez
Elenco | Cast Ivam Cabral, Germano Pereira, Andréa Cavinato, Letícia Coura, Magno Mikosz, Paulinho de Jesus, Flavio Faustinoni/ Camasi Guimarães, Carlos Falat, Telma Vieira, Nana Pequini, Mazé Portugal
Espaço dos Satyros Um Dezembro | December 2000 São Paulo

QUINHENTAS VOZES
Texto | By Zeca Corrêa Leite
Direção | Director Rodolfo García Vázquez
Elenco | Cast Silvanah Santos, Álvaro Bittencourt, Mario da Silva
Teatro José Maria Santos Maio | May 2001 Curitiba

SAPPHO DE LESBOS
Texto | By Ivam Cabra, Patrícia Aguille
Direção | Director Rodolfo García Vázquez
Elenco | Cast Patrícia Aguille, Gisa Gutervil, Yara Marçal, Andréa Rosa, Priscila Assumpção, Lucélia dos Reis, Elenize de Barro, Angelita Vaz, Danielle Santiago
Espaço dos Satyros – Comendador Macedo Agosto | August 2001 Curitiba

ROMEU E JULIETA
Texto | By William Shakespeare
Direção | Director Rodolfo García Vázquez
Elenco | Cast Germano Pereira, Brígida Menegatti, Leandro Daniel Colombo, Val Vener, Adolfo Pimentel, Anne Sibele Celli, Eberson Galiotto, Ed Canedo, Edina Oliveira, Gustavo Skrobot, Tiago Luz, Tiago Müller, Eduardo Reded
Teatro Cleon Jacques Agosto | August 2001 Curitiba

DE PROFUNDIS
Texto | By Ivam Cabral, a partir da obra de Oscar Wilde
Direção | Director Rodolfo García Vázquez
Elenco | Cast Ivam Cabral, Germano Pereira, Dulce Muniz, Andrea Cavinato, Adriana Capparelli/ Vanessa Bumagny, Telma Vieira, Paula Ernandes, Paulinho de Jesus, Williams Victorino/Marcelo Jacob
Espaço dos Satyros Um Abril | April 2002 São Paulo

KASPAR
Texto e direção | Text and Director Rodolfo García Vázquez
Elenco | Cast Olga Nenevê, Leandro Daniel Colombo, Dimas Bueno, Eduardo Giacomini, Rômulo Zanotto, Robson Rosseto
Espaço dos Satyros – Comendador Macedo Maio | May 2002 Curitiba

O TERRÍVEL CAPITÃO DO MATO
Texto | By Martins Pena
Direção | Director Rodolfo García Vázquez
Elenco | Cast Paulo Dyhel, Silvana Teixeira, Marcelo Jacob, Valquiria Vieira, Alessandro Gogliano, Tiago Real, Germano Pereira
Teatro Studio 184 Julho | July 2002 São Paulo

PRANTO DE MARIA PARDA
Texto | By Gil Vicente
Direção | Director Rodolfo García Vázquez
Elenco | Cast Soraya Aguillera, Lea Chaib, Vanessa Balbino, Chico Lobo, Pablo Casella, Rogério Mendonça
Teatro Sérgio Cardoso Novembro | November 2002 São Paulo

A FILOSOFIA NA ALCOVA
Texto | By Rodolfo García Vázquez, a partir da obra homônima do Marquês de Sade | based on the homonymous work by Marquis de Sade
Direção | Director Rodolfo García Vázquez

Elenco | Cast Ivam Cabral, Patrícia Aguille, Valquíria Vieira, Phedra D. Córdoba, Soraya Aguillera, Daniel Morozetti, Marcus Vinicius Parizatto
Sesc da Esquina Março | March 2003 Curitiba

ANTÍGONA
Texto | By Sófocles
Adaptação | Adaptation by Rodolfo García Vázquez, a partir da obra de Leconte de Lisle, com fragmentos de Fausto Fuser | Adaptation by Rodolfo García Vázquez, based on the work of Leconte de Lisle, with fragments by Fausto Fuser
Direção | Director Rodolfo García Vázquez
Elenco | Cast Patrícia Dinely, Emerson Caperbat, Roberto Ascar, Dulce Muniz, Irene Stefânia, Alexandre Mendes, André Martins, Germano Pereira, Ailton Souza, Alessandro Gogliano, Bile Zampaulo, Danielle Farias, Guilherme Folco, Hilton Junior, Lana Sultani, Marcello Serra, Marcelo Jacob, Marco Moreira, Paulo Dyhel
Espaço dos Satyros Um Março | March 2003 São Paulo

FAZ DE CONTA QUE TEM SOL LÁ FORA
Texto | By Ivam Cabral
Direção | Director Rodolfo García Vázquez
Elenco | Cast Silvanah Santos, Cristóvão de Oliveira
Espaço dos Satyros – Desembargador Westphalen Setembro | September 2003 Curitiba

KASPAR OU A TRISTE HISTÓRIA DO PEQUENO REI DO INFINITO ARRANCADO DE SUA CASCA DE NOZ
Texto e direção | Text and Director Rodolfo García Vázquez
Elenco | Cast Ivam Cabral, Alberto Guzik, Antonio Januzelli, Irene Stefânia, Waterloo Gregório, Alexandre Mendes, Marcelo Jacob, Adriano Araújo, Ailton Rosa, Alessandro Gogliano, Angela Ribeiro, Danielle Farias, Eduardo Castanho, Fabiano Machado, Fabiola Junqueira, Fábio Guará, Felipe Lopes, Marcela Randolph, Marco Moreira, Nora Toledo, Phedra D. Córdoba, Ronaldo Dias, Soraya Aguillera, Tatiana Pacor e as crianças | and the children Isadora Aguillera, Kauê Aguillera
Teatro Ópera de Arame Março | March 2004 Curitiba

TRANSEX
Texto e direção | Text and Director Rodolfo García Vázquez
Elenco | Cast Ivam Cabral, Alberto Guzik, Soraya Saide, Fabiano Machado, Tatiana Pacor, Marcela Randolph, Laerte Késsimos, Phedra D. Córdoba, Savanah Meirelles
Espaço dos Satyros Um Setembro | September 2004 São Paulo

SOBRE VENTOS NA FRONTEIRA
Texto e direção | Text and Director Rodolfo García Vázquez
Elenco | Cast Silvanah Santos, Helio Barbosa, Mateus Zuccolotto, Arno Pruner, Carlos Vilas Boas, Gisa Gutervil, Rozana Percival, Tarciso Fialho, e a participação especial de | and a special appearance by Karina Renck, Maurício Précoma
Espaço dos Satyros – Desembargador Westphalen Outubro | October 2004 Curitiba

COSMOGONIA - EXPERIMENTO Nº 1
Texto e direção | Text and Director Rodolfo García Vázquez
Elenco Curitiba | Curitiba Cast Pagu Leal, Eleder Gatelly, Gisa Gutervil, Karina Renck Moraes
Elenco São Paulo | São Paulo Cast Ivam Cabral, Cléo De Páris, Eduardo Castanho, Eduardo Metring
Espaço dos Satyros – Desembargador Westphalen Dezembro | December 2004 Curitiba
Espaço dos Satyros Um Abril | April 2005 São Paulo

O CÉU É CHEIO DE UIVOS, LATIDOS E FÚRIA DOS CÃES DA PRAÇA ROOSEVELT
Texto | By Jarbas Capusso Filho
Direção | Director Alberto Guzik
Elenco | Cast Soraya Aguillera
Espaço dos Satyros Um Janeiro | January 2005 São Paulo

A VIDA NA PRAÇA ROOSEVELT
Texto | By Dea Loher
Direção | Director Rodolfo García Vázquez
Elenco | Cast Ivam Cabral, Alberto Guzik, Angela Barros, Cléo De Páris, Tatiana Pacor, Fabiano Machado, Nora Toledo, Phedra D. Córdoba, Soraya Aguillera, Soraya Saíde, Daniel Tavares, Waterloo Gregório, Laerte Késsimos.
Espaço dos Satyros Um Agosto | August 2005 São Paulo

JOANA EVANGELISTA
Texto | By Vange Leonel
Direção | Director Angela Barros
Elenco | Cast Alberto Guzik, Soraya Aguillera, Fabiano Machado, Nora Toledo, Laerte Késsimos
Espaço dos Satyros Dois Abril | April 2006 São Paulo

OS 120 DIAS DE SODOMA
Texto | By Rodolfo García Vázqez, a partir da obra homônima do Marquês de Sade | based on the homonymous work by Marquis de Sade
Direção | Director Rodolfo García Vázquez
Elenco | Cast Sérgio Guizé, Marçal Costa, Eduardo Chagas, Pablo Humberto, Heitor Saraiva, Savanah Meirelles, Marta Baião, Cleber Soares, Lucas Beda, Rafael Soares, Tomaz Aurichio, Andressa Cabral, Carolina Angrisani, Eveline Maria, Gabriela Fontana, Sabrina Denobile, Chico Ribas, Henrique de Melo, Mauricio Horta, Thiago Azambuja, Thiago Salles
Espaço dos Satyros Dois Maio | May 2006 São Paulo

INOCÊNCIA
Texto | By Dea Loher
Direção | Director Rodolfo García Vázquez
Elenco | Cast Ivam Cabral, Fabiano Machado, Angela Barros, Cléo De Páris, Soraya Saide, Laerte Kessimos, Nora Toledo, Silvanah Santos, Alberto Guzik, Tatiana Pacor, Daniel Tavares, Phedra D. Córdoba, Rui Xavier
Espaço dos Satyros Um Outubro | October 2006 São Paulo

HAMLET GASSHÔ
Coprodução | Co-produced by Rubens Ewald Filho
Texto | By Germano Pereira, a partir da obra de | based on the work of W. Shakespeare
Direção | Director Rubens Ewald Filho
Elenco | Cast Germano Pereira, Ondina Castilho, Mariana Nunes, ZéDu Neves, Murilo Meola, Ivan Capúa, Rita Fernandes, Vanessa Carvalho, Vlamir Sybilla, Murilo Sales, Raphael Souza, João Nunes
Espaço dos Satyros Dois Fevereiro | February 2007 São Paulo

E SE FEZ A PRAÇA ROOSEVELT EM SETE DIAS
Espaço dos Satyros Um estreou no dia 6 de abril de 2007 com a apresentação de sete peças em sequência, São Paulo | Debuted on April 6, 2007 with the presentation of 7 plays at Espaço dos Satyros Um, São Paulo

Segunda-feira O AMOR DO SIM
Texto | By Mário Viana
Direção | Director Alexandre Reinecke
Elenco | Cast Adão Filho, Angela Barros, Flávia Garrafa, Otávio Martins

Terça-feira NA NOITE DA PRAÇA
Texto | By Alberto Guzik
Direção | Director Luiz Valcazaras
Elenco | Cast Álvaro Franco, Marilia de Santis, Ricardo Correa, Rodrigo Fregnan

Quarta-feira IMPOSTURA
Texto | By Marici Salomão
Direção | Director Fernanda D'Umbra
Elenco | Cast Fernanda D'Umbra, Mário Bortolotto, Patrícia Leonardelli

Quinta-feira HOJE É DIA DO AMOR
Texto | By João Silvério Trevisan
Direção | Director Antonio Cadengue
Elenco | Cast Gustavo Haddad

Sexta-feira A Noite do Aquário
Texto | By Sérgio Roveri
Direção | Director Sérgio Ferrara
Elenco | Cast Clara Carvalho, Chico Carvalho, Germano Pereira

Sábado Assassinos, Suínos e Outras Histórias na Praça Roosevelt
Texto | By Jarbas Capusso
Direção | Director Marcos Loureiro
Elenco | Cast Eduardo Chagas, João Fábio Cabral, Sérgio Guizé

Domingo Uma Pilha de Pratos na Cozinha
Texto | By Mário Bortolotto
Direção | Director Mário Bortolotto
Elenco | Cast Alex Grulli, Eduardo Chagas, Paula Cohen, Otávio Martins

DIVINAS PALAVRAS
Texto | By Ramón Del Valle-Inclán
Direção | Director Rodolfo García Vázquez
Elenco | Cast Silvanah Santos, Alberto Guzik, Ivam Cabral, Cléo De Páris, Nora Toledo, Laerte Késsimos, Phedra D. Córdoba, Angela Barros, Daniel Tavares, Fabio Penna, Marba Goicocchea, Maria Ana Olivaes, Soraya Aguillera, Tiago Leal
Espaço dos Satyros Um Novembro | November 2007 São Paulo

O BURGUÊS FIDALGO
Coprodução | Co-produced by Cena Hum
Texto | By Molière
Direção | Director Humberto Gomes
Elenco | Cast Marco Zenni, Luiz Bertazzo, Wagner Jovanaci, Renato Faune, Betina Belli, Fernanda Magnani, Marcilene Moraes, Isabela de Giorgio
Espaço Cultural Odelair Rodrigues Novembro | November 2007 Curitiba

VESTIDO DE NOIVA
Texto | By Nelson Rodrigues
Direção | Director Rodolfo García Vázquez
Elenco | Cast Norma Bengell/Helena Ignez, Cléo De Páris, Nora Toledo, Ivam Cabral, Alberto Guzik, Silvanah Santos, Laerte Késsimos, Phedra D. Córdoba, Gisa Gutervil, Denis Guimarães, Laura Giordana, Paulo Ribeiro, Renata Novaes, Ricardo Leandro, Thiago Guastelli
Itaú Cultural Fevereiro | February 2008 São Paulo

LIZ
Texto | By Reinaldo Montero
Direção | Director Rodolfo García Vázquez,
Elenco | Cast Cléo De Páris, Ivam Cabral, Fábio Penna, Haroldo Costa Ferrari/Germano Pereira, Brígida Menegatti, Alberto Guzik, Tiago Leal, Julia Bobrow, Chico Ribas, Silvanah Santos, Phedra D. Córdoba
Teatro Adolfo Llauradó Junho | June 2008 Havana, Cuba
Sesc Avenida Paulista Maio | May 2009 São Paulo

O AMANTE DE LADY CHATTERLEY
Coprodução | Co-production Rubens Ewald Filho
Texto | By Germano Pereira, a partir do romance homônimo de
| based on the homonymous novel by D. H. Lawrence
Direção | Director Rubens Ewald Filho
Elenco | Cast Germano Pereira, Ana Carolina de Lima, Ailton Guedes
Espaço dos Satyros Dois Novembro | November 2008 São Paulo

MONÓLOGO DA VELHA APRESENTADORA
Texto | By Marcelo Mirisola
Direção | Director Josemir Kowalick
Elenco | Cast Alberto Guzik, Chico Ribas
Espaço dos Satyros Um Fevereiro | February 2009 São Paulo

CANSEI DE TOMAR FANTA
Texto | By Alberto Guzik
Direção | Director Daniel Tavares
Elenco | Cast Cléo De Páris, Fábio Penna
Espaço dos Satyros Um Março | March 2009 São Paulo

JUSTINE
Texto e direção | Text and Director Rodolfo García Vázquez
Elenco | Cast Andressa Cabral, Erika Forlim, Marta Baião,
Carolina Angrisani, Antônio Campos, Danilo Amaral, Diogo Moura,
Eduardo Prado, Gisa Gutervil, Henrique Mello, Luana Tanaka,
Luisa Valente, Marcelo Tomás, Mauro Persil, Robson Catalunha,
Rodrigo Souza, Ruy Andrade, Samira Lochter, Tiago Martelli,
Marcelo Jacob
Espaço dos Satyros Dois Maio | May 2009 São Paulo

PROJETOS
Folias Teatrais – Uma Saudação à Primavera
Evento elaborado em comemoração ao primeiro aniversário
da Companhia | Event created to commemorate the Company's first anniversary
Teatro Bela Vista São Paulo
Setembro | September 1991
I Mostra de Arte Paranaense em São Paulo
Evento elaborado em São Paulo com artistas vindos do Estado do
| Event created in São Paulo at Teatro Bela Vista with artists coming in from the state of Paraná
Teatro Bela Vista São Paulo
Janeiro | January 1992
Segunda na Caixa
Ciclo de Leituras Dramáticas | Cycle of Dramatic Readings
Teatro da Caixa, Curitiba
1995 – 1996
Tertúlias – Falando de Teatro
Projeto composto de entrevistas registradas em vídeo debate
questões presentes nas reflexões da classe artística paranaense.
| Project consisting of interviews filmed in video debate questions relevant to artists in
the state of Paraná. Entre os participantes, | Participants included
Ivanise Garcia, Hugo Mengarelli, Marcelo Marchioro, Paulo Biscaia Filho
Setembro | September 1997
Instant Acts Against Racism and Violence
Performances reúnem artistas de várias partes do mundo, com
cenas contra violência e o racismo | Performances bringing together artists
from around the world with scenes speaking out against violence and racism
Direção | Director Rodolfo García Vázquez
Produção | Production Interkunst
Várias cidades da Europa | Several European cities
Anualmente, de | Annually from 1997 – 2004
Fifty Years Difference
Projeto discute o nazismo na Segunda Guerra e na atualidade e
envolve artistas com 50 anos de diferença em suas idades

| Project discusses Nazism in the Second World War and today, involving artists with
fifty years difference in age
Encenação | Staging Rodolfo García Vázquez
Produção | Production Interkunst (Alemanha | Germany),
DNA (Holanda | Holland), Grotowisky Laboratorium (Polônia | Poland),
Lutton Arts Counsil (Inglaterra | England)
e | and Théâtre de l'Opprimé (França | France)
Várias cidades da Europa, entre elas, | Several European cities,
including Roma, Paris, Amsterdam,
2000
Beschädigte Seelen
Projeto sobre o abuso e violência da | Project on abuse and violence by the
Stasi na Alemanha Oriental | in Eastern Germany
Texto e direção | Text and Director Rodolfo García Vázquez
Produção | Production Interkunst com recursos de vários governos
regionais da Alemanha | with funding from several regional German governments
Apresentado em várias cidades alemãs | Presented in several German cities
2001
Stay or Get Away
Projeto reúne jovens da Alemanha, Dinamarca e Polônia para
discutir sua realidade social | Project brings together German, Danish and
Polish youth to discuss the social reality they live in
Texto e direção | Text and Director Rodolfo García Vázquez
Produção | Production Interkunst com recursos da União Europeia
| with funding from the European Union
Apresentado em várias cidades da Europa | Presented in several European cities
2002

SATYRIANAS – UMA SAUDAÇÃO À PRIMAVERA
Evento realizado anualmente na primavera, em comemoração
ao aniversário da companhia Os Satyros. | Event realized every spring in
commemoration of Os Satyros theater company.

Edição 2002 | 2002 Edition
De 26 e 29 de setembro | September 26-29
Em 78 horas de atividades ininterruptas são apresentados
espetáculos teatrais, musicais, palestras, *workshops*, café literário,
exibição de filmes e documentários.
Abertura a bailarina e coreógrafa Célia Gouveia apresenta aula de
corpo no Pentágono da Praça Roosevel. O Conservatório Dramático
Musical de São Paulo também participa da abertura.
Também integra essa edição o projeto Parceiros de Última Hora, no
qual artistas de formações e atuações diferenciadas se encontram
para um bate-papo e apresentações de seus trabalhos.
Os dramaturgos e escritores Lauro César Muniz e Chico de Assis,
o poeta e compositor Carlos Rennó, a fotógrafa Lenise Pinheiro,
os cantores Paulo Padilha, Plínio Campos e Chiris, e o senador
Eduardo Suplicy são alguns dos convidados.
50 artistas circences participam do Show de Pirofagia e da
Satyrianinhas, evento dedicado às crianças. |
In 78 hours of uninterrupted activities, the company presents plays, musicals,
speeches, workshops, a café literário (literature café) and exhibits films and
documentaries.
Opening: dancer and choreographer Célia Gouveia presents a body class at Roosevelt
Square's Pentagon. The Conservatório Dramático Musical de São Paulo
(Music and Drama Conservatory) also took part in the opening.
The ¨Parceiros de Última Hora¨ project (Last Minute Partners) also took part in the
edition, in which artists with differing educations and careers come together for a
conversation and to present their work. Playwrights and writers Lauro César Muniz
and Chico de Assis, poet and composer Carlos Rennó, photographer Lenise Pinheiro,

vocalists Paulo Padilha, Plínio Campos and Chiris, and Senator Eduardo Suplicy were just a few of the invited guests.
50 circus artists took part in a Fire Eating Show and in "Satyrianinhas", an event dedicated to children.
Homenagens a | Tributes to Cleyde Yáconis, Laura Cardoso, Lélia Abramo, Leonor Bruno, Maria Della Costa, Marilena Ansaldi, Nídia Lícia, Paula Martins, Renée Gumiel, Ruth Rachou, Sonia Oiticica, Tatiana Belinky, Vida Alves.
Público 1, 5 mil pessoas | Audience 1,500 people

Edição 2003 | 2003 Edition
De 25 a 28 de setembro | September 25-28
Além da comemoração de seu aniversário, Os Satyros propõe um momento de reflexão. Na abertura, inauguração da Rádio Livre Satyros 88,7 FM, que transmite, ao vivo, toda a programação do evento. A apresentação do espetáculo "O Terrível Capitão do Mato", dos Satyros, na Praça Roosevelt, e a lavagem ecumênica da praça dão início a esta maratona de 78 horas. O psicanalista Oscar Cesarotto e os escritores Fernando Bonassi e João Silvério Trevisan, entre outros, participam do Café Literário Mesas de debate e reflexão tem a participação dos atores Paulo Autran e Raul Cortez, do jornalista Sérgio D'Ávila e dos filósofos José Arthur Giannotti e Paulo Arantes.
In addition to commemorating its anniversary, Os Satyros proposes a moment of reflection. In the opening, inauguration of Rádio Livre Satyros 88.7 FM (Os Satyros' Free Radio Station), which transmitted the event's entire schedule of events. The presentation of the piece "O Terrível Capitão do Mato", by Os Satyros, at Roosevelt Square and the ecumenical ceremonial washing of the square begin this 78 hour marathon.
Psychoanalyst Oscar Cesarotto and the writers Fernando Bonassi and João Silvério Trevisan, among others, participated in the café literário (literature café). Actors Paulo Autran and Raul Cortez, journalist Sérgio D'Avila and philosophers José Arthur Giannotti and Paulo Arantes took part in round table discussions.
Exposição "Nós", pintura a óleo, de | an exhibition of oil paintings by Vicenzo Scarpellini.
Homenagem a | Homage to Jacó Guinsburg.
Público 2 mil pessoas | Audience 2,000 people

Edição 2004 | 2004 Edition
De 30 de setembro a 3 de outubro | September 30-October 03
Apresentação de 21 espetáculos, shows musicais e debates.
| Presentation of 21 pieces, concerts and debates.
Café literário, com participação dos escritores | The following writers participated in the "Café literário" (Literature Café) Vange Leonel, Mário Bortolotto, Aimar Labaki, Marcelo Mirisola e outros | and others.
Crepúsculo Poético, com a participação dos poetas Fabricio Corsaletti, Fabiano Calixto, Cláudio Daniel, Micheliny Verunschk, Ronaldo Bressane, Joca Reiners Terrons, Glauco Mattoso, Ademir Assunção, Edvaldo Santana, Renata Palottini, Fernando Paixão, Fábio Weintraub, Frederico Barbosa, Contador Borges, Luis Carlos Guedes, Michel Fernandes.
Transmissão da Rádio Livre Satyros.
Homenagem a Gianfrancesco Guarnieri.
Público 3 mil pessoas | Audience: 3,000 people

Edição 2005 | 2005 Edition
De 29 de setembro a 2 de outubro | September 29-October 02
Abertura com o grupo Parlapatões e alunos das Oficinas do Hércules
Opened by the Parlapatões and students of Hércules' Workshops.
Estreia do Projeto Uroborus, que reúne, por 78 horas seguidas, 156 atores para interpretar, em duplas, o texto "Uroborus". Idealizado pela Companhia de Teatro Os Satyros, a dramaturgia é coordenada por Sérgio Sálvia Coelho. Para conduzir o processo de criação do

texto, é criada uma comunidade no orkut, rede de relacionamentos da Internet. O Uroborus busca criar a peça de teatro definitiva, composta pela melhor frase de 78 autores teatrais de todos os tempos e lugares, representados por sua melhor obra e organizados em ordem cronológica. A dupla de atores Cléo De Páris e Dalton Vigh inaugura o projeto. O encerramento fica a cargo de Bete Coelho e Paschoal da Conceição.
Debut of the "Uroborus" Project, bringing together 156 actors in duos, 78 hours non-stop, to interpret the text of the piece "Uroborus". Organized by Os Satyros Theater Company, the writing of the piece was coordinated by Sérgio Sálvia Coelho. In order to guide the textual creation process, a community on Orkut (Internet-based social network) was created. "Uroborus" seeks to create the definitive theater piece, composed of the best lines of all time by 78 playwrights, represented by their best work and organized in chronological order. The acting duo of Cléo De Páris and Dalton Vigh inaugurated the project. The project was concluded with the performance by Bete Coelho and Paschoal da Conceição.
1º Show de Boate | 1st Nightclub Show.
Última transmissão da Rádio Livre Satyros. | The theater company's radio station "Rádio Livre Satyros" made its last transmission.
Homenagens a | Homages to Antonio Januzelli, Fausto Fuser.
Público 7 mil pessoas | Audience 7,000 people

Edição 2006 | 2006 Edition
De 2 a 5 de novembro | November 02-05
Evento apresenta 46 espetáculos, saraus literários e poéticos, em 78 horas de atividades ininterruptas. Pela primeira vez, as Satyrianas deixam de ser uma comemoração dos Satyros para se tornar um evento cultural da cidade de São Paulo, envolvendo artistas de várias expressões e de outras regiões do país.
Nessa edição participam espaços culturais como Espaço Parlapatões, Next, Companhia do Feijão, Teatro Fábrica São Paulo e Biblioteca Mário de Andrade.
Lançamento do Festival dos 78 segundos, que premia três produções em vídeo digital, documentário ou ficção, realizado sobre e/ou durante o evento.
Cada espectador decide o valor de seus ingressos. Pela primeira vez, as Satyrianas têm cambistas nas portas dos teatros. Participação do projeto carioca CEP 20000, idealizado pelo poeta Chacal.
Reapresentação do Projeto Uroborus, uma peça com a duração de 78 horas, com 156 atores, desta vez com o texto "Ai de Mim", assinado por Nuno Ramos e visto por cerca de 1,5 mil pessoas
Homenagens a Zé Celso Martinez Corrêa e Fernando Peixoto
Na homenagem a Zé Celso, a atriz Patrícia Aguille surge na Praça Roosevelt, às 2h da madrugada de sexta, nua, montada num cavalo andaluz branco.
Participam dessa edição 901 artistas, sendo 532 atores que se revezam em 48 apresentações teatrais.
A edição deste ano é copatrocinada pelo Departamento de Expansão Cultural da Secretaria Municipal de Cultura, da Prefeitura do Município de São Paulo.
Event presents 46 pieces, literary and poetic soirées, in 78 hours of non-stop activity. For the first time, Satyrianas was no longer a celebration just for Os Satyros Theater Company and became a cultural event for the city of São Paulo, involving artists from different fields of work and regions of Brazil.
For this edition, cultural centers took part, such as Espaço Parlapatões, Next, Companhia do Feijão, Teatro Fábrica São Paulo and Biblioteca Mário de Andrade.
The "Festival dos 78 segundos" (78 Second Festival) debuted, awarding three digital video productions (documentary or fiction) made about and/or during the event.
Each spectator named their ticket price. For the first time, ticket scalpers appeared at the theater doors for "Satyrianas". Participation of the project "CEP 20000", from Rio de Janeiro and created by Chacal, a poet.

Representation of the Uroborus Project, a piece that lasted 78 hours, with 156 actors, this time with the text "Ai de Mim", by Nuno Ramos and seen by approximately 1,500 people. Homages to Zé Celso Martinez Corrêa and Fernando Peixoto. In the homage to Zé Celso, actress Patrícia Aguille appeared at Roosevelt Square at two a.m. Friday morning, nude and riding a white Andalusian horse.

901 artists took part in this edition, with 532 of them actors who took turns in 48 theater presentations.

The year's edition was co-sponsored by the Department of Cultural Expansion of the São Paulo City Hall's Secretary of Culture.

Público 11 mil pessoas | Audience 11,000 people

Edição 2007 | 2007 Edition

De 11 a 14 de outubro | October 11-14

Além dos espaços administrados pelo grupo - Espaço dos Satyros Um, Espaço dos Satyros Dois, Espaço dos Satyros Pantanal e Teatro da Vila - participam do evento os seguintes teatros Espaço Parlapatões, Teatro do Ator, Studio 184, Next, Teatro Vento Forte, Galpão do Folias, Teatro Bibi Ferreira, Tusp, Teatro Alfredo Mesquita, Companhia Corpos Nômades e Museu da Língua Portuguesa.

Primeira edição do DramaMix. 78 dramaturgos são convidados para escrever textos curtos que são apresentados a cada hora durante os quatro dias do evento ininterruptamente. No total, mais de 200 atores participam do projeto que é apresentado em uma lona de circo montada na Praça Roosevelt.

"A Breve Interrupção", com texto e direção de Gerald Thomas, abre o projeto com interpretação de Alberto Guzik, Sérgio Sálvia Coelho e Edson Montenegro; e "A Deliciosa Boca do Inferno", de Lauro César Muniz, com Haroldo Costa Ferrari e Mariana Ximenez, encerra o DramaMix.

Lançamento do FotoMix, que reúne 38 fotógrafos, liderados por Luciana Camargo e Flavio Sampaio, para recolher imagens das 80 horas das Satyrianas. Divididos em turnos, os fotógrafos têm como objetivo recolher a "imagem definitiva" de seu período de trabalho. Homenagens a Paulo Autran e Lauro César Muniz.

In addition to the spaces run by the group - Espaço dos Satyros Um, Espaço dos Satyros Dois, Espaço dos Satyros Pantanal and Teatro da Vila – the following theaters took part in the event: Espaço Parlapatões, Teatro do Ator, Studio 184, Next, Teatro Vento Forte, Galpão do Folias, Teatro Bibi Ferreira, Tusp, Teatro Alfredo Mesquita, Companhia Corpos Nômades and Museu da Língua Portuguesa. First edition of DramaMix. 78 playwrights were invited to write short texts that were presented each hour, non-stop, during the four days of the event. In all, more than 200 actors took part in the project, which was presented in a circus tent at Roosevelt Square. "A Breve Interrupção", written and directed by Gerald Thomas, opened the project and was interpreted by Alberto Guzik, Sérgio Sálvia Coelho and Edson Montenegro; and "A Deliciosa Boca do Inferno", by Lauro César Muniz, with Haroldo Costa Ferrari and Mariana Ximenez, closed DramaMix. First edition of FotoMix, bringing together 38 photographers, led by Luciana Camargo and Flavio Sampaio, to collect images form 80 hours of the "Satyrianas". Divided into shifts, the objective of the photographers is to collect the definitive image for their work shift. Homages to Paulo Autran and Lauro César Muniz.

Público 30 mil pessoas | Audience 30,000 people

Edição 2008 | 2008 Edition

De 23 a 26 de outubro | October 23-26

Pela segunda vez, o DramaMix, criado na última edição da Satyrianas, integra o evento. Nomes como Sérgio Roveri, Lauro César Muniz, Otávio Martins, Alberto Guzik e Veronica Stigger fazem parte da tenda neste ano.

O CineMix, que surgiu com o projeto Curta na Praça, apresentado no Espaço Parlapatões, com a ideia de difundir produções recentes de curtas metragens independentes, é a novidade desta edição. Realizado pelas atrizes Paula Cohen, Bárbara Paz, Helena Cerello e pelo ator e produtor Daniel Gaggini, a programação para as Satyrianas conta também com exibições de longas metragens em todas as noites do evento.

A loja de revistas de quadrinhos instalada na praça, HQ Mix, participa das Satyrianas comemorando seu aniversário de um ano. São convidados mais de 100 cartunistas para criar uma história em quadrinhos colaborativa, onde cada artista dá sequência ao trabalho anterior, em um esquema de improvisação.

Para registrar todos os momentos das Satyrianas, pelo segundo ano consecutivo é realizado o FotoMix, mais uma vez liderado pelos fotógrafos Flávio Sampaio e Luciana Camargo.

DramaMix, created during the last edition of "Satyrianas" took part in the event for the second time. Names like Sérgio Roveri, Lauro César Muniz, Otávio Martins, Alberto Guzik and Veronica Stigger were part of the show. CineMix, which arose with the project "Curta na Praça" (Short Films on the Square), presented at Espaço Parlapatões (cultural center), with the purpose of spreading the word about recent independent short films, was the edition's new event. Organized by actresses Paula Cohen, Bárbara Paz, Helena Cerello and actor/producer Daniel Gaggini, the schedule of events for "Satyrianas" also relied on exhibitions of feature length films every night of the event. The magazine and comic book store located on the square, HQ Mix, took part in "Satyrianas" commemorating its first year in business. More than 100 cartoonists were invited to create a collaborative comic book, where each artist continues the work of the previous, improvising. In order to record every moment of "Satyrianas", FotoMix was carried out for the second straight year, once again led by photographers Flávio Sampaio and Luciana Camargo.

Público 30 mil pessoas | Audience 30,000 people

LEI Nº 13.750, DE 14 DE OUTUBRO DE 2009

(Projeto de lei nº 741, de 2008, do Deputado Carlos Giannazi - PSOL)

Inclui no Calendário Oficial do Estado evento que especifica.

O PRESIDENTE DA ASSEMBLEIA LEGISLATIVA:

Faço saber que a Assembleia Legislativa decreta e eu promulgo, nos termos do artigo 28, § 4º, da Constituição do Estado, a seguinte lei:

Artigo 1º - Fica incluída no Calendário Oficial do Estado a Maratona Cultural Satyrianas - Uma Saudação à Primavera.

Artigo 2º - Fica o Poder Executivo autorizado a implementar medidas de apoio logístico para a organização, instalação, segurança e divulgação que assegurem a realização do evento.

Artigo 3º - As despesas decorrentes da execução desta lei correrão à conta de dotações orçamentárias próprias.

Artigo 4º - Esta lei entra em vigor na data de sua publicação.

Assembleia Legislativa do Estado de São Paulo, aos 14 de outubro de 2009.

a) BARROS MUNHOZ - Presidente

Publicada na Secretaria da Assembleia Legislativa do Estado de São Paulo, aos 14 de outubro de 2009.

a) Marcelo Souza Serpa - Secretário geral Parlamentar

LAW Nº 13,750, DATED OCTOBER 14, 2009

(Project of law nº 741, of 2008, of Deputy Carlos Giannazi - PSOL)

Specified event is included in the Official State Calendar.

THE PRESIDENT OF THE LEGISLATIVE ASSEMBLY:

I hereby declare that the Legislative Assembly has decreed and I have enacted, in terms of article 28, 4th §, of the State Constitution, the following law:

Section 1 - The Satyrianas Cultural Marathon - Uma Saudação à Primavera has been included in the Official State Calendar.
Section 2 - The Executive has been authorized to implement measures for logistical support for the organization, installation, security and promotion that insure the event's staging.
Section 3 - The expenses occurring from the execution of this law will be borne by the State's budgetary allocation account.
Section 4 - This law will become effective on the date of its publication.
Legislative Assembly of the State of São Paulo, on October 14, 2009.
a) BARROS MUNHOZ - President
Published in the Office of the Legislative Assembly of the State of São Paulo, on October 14, 2009.

a) Marcelo Souza Serpa - Parliamentary General Secretary

CICLO DE LEITURAS DRAMÁTICAS | Cycle of Dramatic Readings
Realizado no | Carried out at Espaço dos Satyros/SP, revela importantes dramaturgos como | revealed important playwrights like Sérgio Roveri, Jarbas Capusso Filho
2003 a 2005

FLAP
Organizada por estudantes do curso de Letras (FFLCH) da Universidade de São Paulo e da Academia de Letras da São Francisco (Direito), em parceria com Os Satyros, a Flap surge em julho de 2005 como alternativa à Festa Literária Internacional de Parati. A ideia é apresentar um contraponto à Flip, tendo como grande atrativo, além dos nomes convidados, a gratuidade de todos os eventos.
A primeira edição reúne mais de 300 pessoas no Espaço dos Satyros e recebe professores universitários, críticos e grandes escritores do cenário paulista em palestras acaloradas.
Organized by students in the literature department (FFLCH) of the University of São Paulo and the Academia de Letras da São Francisco (Law School), in partnership with Os Satyros, Flap started in July of 2005 as an alternative to the Paraty International Literary Festival (Flip). The idea is to present a counterproposal to "Flip", with the great attraction being, in addition to the speakers invited, that all events are free-of-charge. The first edition brought together more than 300 people at Espaço dos Satyros and invited university professors, critics and great writers from the São Paulo scene for warm lectures.

FLAP 2005
Participantes | Participants Antonio Vicente Pietroforte, Joca Teron, Glauco Mattoso, Bruno Zeni, Andrea Saad Hossne, Marcelo Mirisola, Priscila Figueiredo, Dirceu Villa, Manuel da Costa Pinto, Eduardo Sterzi, Tarso de Melo, Heitor Ferraz, Paulo Ferraz, Maria Claudia Galera, Ademir Assunção, Frederico Barbosa, Cláudio Daniel, Mamede Jarouche
Espaço dos Satyros Um, Espaço dos Satyros Dois

FLAP 2006
Participantes | Participants Frederico Barbosa, Eduardo Lacerda, Manuel da Costa Pinto, Tarso de Melo, Xico Sá, Bruno Zeni, Ferréz, Allan da Rosa, André du Rap, Sérgio Vaz, Sergio Bianchi, Maria Silvia Betti, Victor Del Franco, Soninha Francine, Ademir Assunção, Donny Correia, Carlos Augusto Machado Calil, Claudio Willer, Claudio Daniel, Marcelo Rezende, Luiz Ruffato, Ricardo Lísias, Dirceu Villa, Daniela Osvald Ramos, Nelson de Oliveira, Ivan Marques, Andréa Catrópa
Espaço dos Satyros Um, Espaço dos Satyros Dois

FLAP 2007
Participantes no | Participants at **Espaço dos Satyros Um**
Andréa Catropa, Antonio Vicente Pietroforte, Glauco Mattoso, Anselmo Luis, Marcelino Freire, Ivan Antunes, Maria Elisa Cevasco, Rodrigo Ciríaco, Eduardo Araújo Teixeira, Adilson Miguel,

Eduardo Lacerda, Roberto Moreno, Marcelo Siqueira Ridenti, Santiago Nazarian, Maria Luíza Mendes Furia, Andrea Del Fuego, Juliano Pessanha, Del Candeias, Alberto Guzik, Lourenço Mutarelli, Mario Bortolotto, Eduardo Rodrigues, Fábio Aristimunho Vargas, Vanderley Mendonça, Horacio Costa, Maria Alzira Brum, Alfredo Fressia, Joca Terron, Marcelo Mirisola
Espaço dos Satyros Um, Casa das Rosas

FLAP 2008
Participantes no | Participants at **Espaço dos Satyros** Andréa Catrópa, Héctor Hernández Montecinos, Javier Norambuena, Roberto Zular, Renan Nuernberger, Cidinha da Silva, Emerson da Cruz Inácio, Jocelyn Pantoja, Maria Elisa Cevasco, Ana Paula Ferraz, Balam Rodrigo, Alberto Trejo, Rodrigo Petrônio, Virginia Fuente
Espaço dos Satyros Dois, USP, Casa das Rosas, entre outros locais
| among other locations

TEATRO DE LIVRO | Book Theater
Projeto convida escritores que vão, em primeira mão, ler trechos de suas obras ainda inéditas. A leitura é acompanhada de encenações teatrais.
Para inaugurar o projeto, em novembro de 2005, é convidado Gilberto Dimenstein, colunista da *Folha* e um dos jornalistas mais premiados do país
Project invites writers to read, firsthand, excerpts from their unpublished work. The reading is accompanied by theater interpretations.
| In November of 2005, Gilberto Dimenstein, a columnist for Folha de São Paulo (newspaper) and one of Brazil's most prizewinning authors, was invited to inaugurate the event.
Ele mostra partes do livro | He showed parts of his book
"O mistério das Bolas de Gude - Histórias de Humanos Quase Invisíveis".
Concepção | Creation Rodolfo García Vázquez
Elenco | Cast Gilberto Dimenstein, Ignácio de Loyola Brandão, Vanessa Bumagny, grupo Os Satyros e convidados
| Os Satyros Theater Company and invited guests
Também participam do projeto | Also participating in the project
- Marcelo Mirisola com o livro | with the book "Joana a Contragosto"
- Julia Katunda, Filipe Doutel com | with
"Cassandra - Como Criar para Si Uma Mente Hybrida"
- Veronica Stigger com | with "Gran Cabaret Demenzial"
- Orna Messer Levin, Alexandre Carneiro, tradutores da obra de Gil Vicente, | translators of Gil Vicente's classic text "Auto da Sibila Cassandra"

A FAUNA
Texto | Text Sérgio Roveri, Marici Salomão, Beatriz Carolina Gonçalves
Coordenação dramatúrgica e direção | Dramaturgical Coordination and direction Rodolfo García Vázquez
Elenco | Cast Ivam Cabral, Silvanah Santos, Brigida Menegatti, Ricardo Leandro, Laerte Késsimos, Gisa Gutervil e mais de 30 moradores da Comunidade Vila Verde, de Curitiba | and more than 30 residents of the Vila Verde community in the city of Curitiba
Espetáculo produzido para o Projeto Residência das Artes, integrante da 17ª edição do Festival de Teatro de Curitiba. O grupo é convidado a desenvolver um trabalho artístico na comunidade Vila Verde, periferia de Curitiba. | Show produced for the Artist in Residence Project, part of the 17th edition of the Curitiba Theater Festival. The group is invited to create work in the Vila Verde community on the outskirts of Curitiba.
Março | March 2008

DESFILE DA DASPU
A grife Daspu, em parceria com Os Satyros, realiza um desfile a céu aberto, na Praça Roosevelt. | The clothing label Daspu, in partnership with Os Satyros, put on an outdoor fashion show at Roosevelt Square.

Junho | June 2008
BIENAL DE VENEZA | Venice Biennale
Com curadoria do arquiteto | Curated by architect Roberto Loeb,
Rodolfo García Vázquez, Ivam Cabral integram o projeto brasileiro
da 11ª Mostra Internazionale di Architettura, da Bienale di Venezia
| take part in the Brazilian project for the 11th Mostra Internazionale di Architettura,
at the Venice Biennale.
Setembro | September 2008

SATYROS EDUCAÇÃO | Satyros Education

O Dia das Crianças
Texto | By Sérgio Roveri
Direção | Director Ivam Cabral
Elenco | Cast Cléo De Páris, Fábio Penna, Rodrigo Frampton,
Tiago Leal, Rodrigo Gaion, Zeza Mota
Participação em vídeo | Participating in the video Paulo Autran,
Renato Borghi, Adriane Galisteu, Denise Fraga, Lucélia Machiaveli,
Parlapatões e atores do grupo Os Satyros | and Os Satyros actors
Céu Três Lagos | Três Lagos Cultural Center
março | March 2007 São Paulo

Cidadão de Papel
Texto | By Sérgio Roveri, a partir da obra de | based on de
Gilberto Dimenstein
Direção | Director Ivam Cabral
Elenco | Cast Alessandro Hernandez, Gustavo Ferreira, Marcos Ferraz,
Priscila Dias, Rafael Ferro, Renata Bruel, Tiago Moraes
Teatro da Vila agosto | August 2007 São Paulo

Esse Rio é Minha Rua
Texto e direção | Text and direction Rodolfo García Vázquez
Elenco | Cast Gisa Gutervil, Marcelo Tomás
Músicos | Musicians Luis Carreiro, Giovani Carreiro
EMEF Gabriel José Martins, EE Professor José Carlos da Silva
Outubro | October 2008 município de Barbosa SP

NES – NÚCLEO DE EXPERIMENTAÇÃO DA CIA. DE TEATRO
OS SATYROS | OS SATYROS THEATER COMPANY EXPERIMENTAL GROUP

Ensaio sobre Nelson
Dramaturgia do elenco sob orientação de | Dramaturgy by the cast,
oriented by Jarbas Capusso Filho
Direção | Director Nora Toledo
Elenco | Cast Ana Lúcia Felipe, Ana Pereira dos Santos, Andressa Cabral,
Caroline Ribeiro, David Torrão, Débora Fernandes, Denise Janoski,
Eduardo Castanho, Fabiana Souza, Helder da Rocha, Janaína Mello,
Luís Maeda, Marcela Pupatto, Márcia Veiga, Márcio Cazuza,
Maria Campanelli Haas, Peterson Ramos, Regina Ciampi,
Ricardo Ferreira, Rita Fernandes, Teka Romualdo, Wanderley Safir
Espaço dos Satyros Um novembro | November 2004 São Paulo

Rua Taylor nº 214 – Um Outro Ensaio sobre Nelson
Dramaturgia NES – Núcleo Experimental dos Satyros
| Dramaturgy Os Satyros Experimental Group (NES), sob orientação de
| oriented by Nora Toledo, Jarbas Capusso Filho
Direção | Director Alberto Guzik
Elenco | Cast Ana Lúcia Felipe, Ana Pereira dos Santos, Andressa Cabral,
Débora Fernandes, Denise Janoski, Eduardo Castanho, Eduardo Metring,
Fabiana Souza, Paulo Maeda, Maria Campanelli Haas, Peterson Ramos,
Regina Ciampi, Ricardo Socalschi, Rita Fernandes, Teka Romualdo,
Wanderley Safir
Espaço dos Satyros Um maio | May 2005 São Paulo

El Truco
Texto e direção | Text and Director Roberto Audio
Elenco | Cast Ana Lúcia Felipe, Ana Pereira, Andressa Cabral, Angela Ribeiro,
Cléo De Páris, Edna Elizabeth, Fabiana Souza, Helder da Rocha,
Ivam Cabral, Laerte Késsimos, Marba Goicocchea, Maria Campanelli Haas,
Paulo Maeda, Ricardo Socalschi, Teka Romualdo, Thammy Allonso,
Thiago Baliero, Wagner Mendonça, Wanderley Safir, Washington Calegari
Espaço dos Satyros Dois setembro | September 2007 São Paulo

Solidão Também Acompanha
De | By Fabíola Alves, Roberto Audio
Direção | Director Roberto Audio
Elenco | Cast Chico Paiva Jr., Cícero Santos, Cledson Silva, Cris Braga,
Diney Vargas, Diogo Moura, Érika Forlim, Fabíola Alves,
Gabriel Nascimento, Gerson Meira, Maira Lopes, Paulo Ribeiro,
Sérgio Rocha, Taís Di Crisci, Tânia Mendonça, Tico Dias
Espaço dos Satyros Um maio | May 2009 São Paulo

SATYROS CINEMA

Teatro em Movimento
Direção | Director Rodolfo García Vázquez
Direção de fotografia | Director of Photography Carlos Ebert
Curta em 35 mm | 35 mm short film
Elenco | Cast Ivam Cabral, Germano Pereira, Telma Vieira,
Leticia Coura, Patrícia Aguille, Fernando Peixoto, Silvanah Santos,
entre outros | among others
2002

Terceiro Sinal
Direção | Director Rodolfo García Vázquez
Direção de fotografia | Director of Photographer Carlos Ebert
Longa em 35 mm (não editado) | 35 mm feature length film (not edited)
Elenco | Cast Ivam Cabral, Germano Pereira, Telma Vieira, Letícia Coura,
Patrícia Aguille, Fernando Peixoto, Silvanah Santos, entre outros
| among others
2002

Patrimônio Cultural de Curitiba
Videodocumentário desenvolvido para escolas da periferia de Curitiba.
| Video-documentary created for schools in low-income communities of Curitiba.
De | By Rodolfo García Vázquez
Coprodução com | Co-production with Germano Pereira
2002

Memória Videográfica dos Atores Paranaenses
Série de dez vídeos reunindo entrevistas com 22 personalidades
do teatro paranaense. | Series of 10 videos bringing together interviews with 22
well-known artists from the theater scene in the state of Paraná.
Direção | Director Rodolfo García Vázquez
Coprodução | Co-production Dimas Bueno
Apresentação | Presentation Ana Fabrício
Artistas entrevistados | Artists interviewed Luis Melo, Guilherme Weber,
Neiva e Claudio Iovanovitch, César Almeida, Emílio Pitta, Yara Sarmento,
Ivam Cabral, Enéas Lour e Fátima Ortiz, Felipe Hirsh, Enio Carvalho,
Silvanah Santos, Olga Neneve, Marcelo Marchioro, Hugo Mengareli,
Odelair Rodrigues, Lala Schneider, Edson Bueno, Fausto Cascaes,
Regina Bastos, Regina Vogue
2002

Um Espelho Russo
Numa entrevista a Péricles Cavalcanti, Boris Schnaiderman conta ter
assistido à filmagem – na escadaria de Odessa –, da cena clássica
de "O Encouraçado Potemkin", de Eisenstein. O historiador também
comenta outros aspectos de sua relação com a vanguarda russa.

| In an interview with Péricles Cavalcanti, Boris Schnaiderman tells how he witnessed the filming - on the Odessa Staircase - of the classic scene in Eisenstein's "Battleship Potemkin". The historian also comments on other aspects of his relationship with the Russian vanguard.
De | By Péricles Cavalcanti, Lídia Chaib
Curta | Short film
Coprodução com | Co-production with Péricles Cavalcanti, Lídia Chaib
2003

Na Praça Roosevelt
De | By Carlos Ebert, Rodolfo García Vázquez
Média-metragem | Medium length film
Coprodução com | Co-production with Bars Vídeo
2006

Projeto Encontros Memória da Literatura Paranaense
Panorama da vida literária do Paraná em cinco vídeos.
| Five video panorama of literary life in the state of Paraná.
Direção | Director Rodolfo García Vázquez
Coprodução com | Co-production with Silvanah Santos
2004

Vídeo 1
Adélia Maria Woellner, Antonio Thadeu Wojciechowski, Cristóvão Tezza, Eduardo Hoffmann

Vídeo 2
Etel Frota, Helio de Freitas Puglielli, Leopoldo Scherner, Luci Collin

Vídeo 3
Manoel Carlos Karam, Mário Bortolotto, Marta Morais da Costa, Nelson Padrella

Vídeo 4
Nilson Monteiro, Paulo Venturelli, Regina Benitez, Ricardo Corona

Vídeo 5
Valêncio Xavier, Walmor Marcelino, Wilson Bueno, Zeca Corrêa Leite

Trilogia Satyros
O projeto é composto por três longas de | The project consists of three feature length films by Evaldo Mocarzel, com coprodução da | co-produced by Casa Azul, em fase de montagem | currently in the editing stage 2009
Cuba Libre
Vila Verde
Satyros

TELEVISÃO | TELEVISION

Vento nas Janelas
Roteiro e direção | Screenplay and Director Rodolfo García Vazquez
Elenco | Cast Ivam Cabral, Tiago Morais, Alberto Guzik, Cléo De Páris e outros | and others
Telefilme
Programa Direções TV Cultura maio | May 2007

A Noiva
Roteiro | Screenplay Ivam Cabral
Direção | Director Rodolfo García Vazquez
Elenco | Cast Cléo De Páris, Gero Camilo, Gabriela Rabello, Silvanah Santos, Norival Rizzo, Bárbara Bruno, Alberto Guzik, Nora Toledo, Marta Baião, Silvio Pozatto, Victoria Camargo, Ivam Cabral, Roberta Alonso, Carol Angrisani, Andressa Cabral, Gisa Gutervil, Laerte Késsimos, Fábio Penna
Telefilme
Programa Direções II TV Cultura maio | May 2008

Além do Horizonte
Roteiro | Screenplay Ivam Cabral
Direção | Director Rodolfo García Vazquez
Elenco | Cast Haroldo Ferrari, Lavínia Pannunzio, Cléo De Páris, Germano Pereira, Beto Bellini, Irene Stefânia, Bárbara Bruno, Silvanah Santos, Ruy Andrade, Antônio Carlos, Marta Baião, Carol Angrisani, Samira Lochter, Patrícia Santos, Brígida Menegatti , Gustavo Ferreira, Julia Brobow, Danilo Grangheia, Andressa Cabral, Fabio Penna, Phedra de Córdoba, Maria Eugênia, Bete Dorgam
Minissérie em quatro capítulos | Four episode miniseries
Programa Direções III | "Direções III" television program TV Cultura maio | May 2009

RÁDIO

Os Cantos de Portugal
Programa semanal sobre música e poesia portuguesa.
| Weekly program about Portuguese music and poetry.
Locução | Announcer Ivam Cabral
Produção | Production Os Satyros
No ar desde dezembro de 1997, apresentado aos sábados, 19 horas, com reapresentação, às terças, 4 horas, pela Rádio Paraná Educativa FM | On the air since December 1997, broadcast on Saturdays at 7 p.m. and rebroadcasted on Tuesdays at 4 a.m. by Rádio Paraná Educativa FM (Paraná Educational Radio Station)

Rádio Livre Satyros - FM 88,7MHz
A estação – com capacidade de transmissão para um raio de 5 quilômetros, a partir da Praça Roosevelt – teve como objetivo a difusão da cultura, de um modo geral. Obras de Shakespeare, Martins Pena e Guimarães Rosa foram interpretadas durante as transmissões da emissora | The purpose of the radio station – with a broadcast range of 5 kilometers from Roosevelt Square – is the dissemination of culture in general. Works by Shakespeare, Martins Pena and Guimarães Rosa were interpreted during transmissions
Inauguração | Inaugurated in 2002 com retransmissões em | rebroadcast in 2003, 2004 e 2005

PUBLICAÇÕES | PUBLICATIONS

Cartazes do Teatro Paranaense
Ivam Cabral, com a colaboração de Rodolfo García Vázquez e Silvanah Santos | Collection of posters for theater productions in the state of Paraná, by Ivam Cabral, with the collaboration of Rodolfo García Vázquez and Silvanah Santos
2001

Cinco Biografias do Teatro Paranaense
Ivam Cabral, Marianne Cabral Baggio
2004

FESTIVAIS | FESTIVALS

Mostra de Teatro, Sertãozinho 1992
I Encontro Nacional de Teatro de Rua, Campinas 1992
Fitei – Festival Internacional de Teatro de Expressão Ibérica, Porto, Portugal 1992
Festival Interceltico do Morrazo, Pontevedra, Galícia, Espanha | Galiza, Spain 1992
Festival Castillo de Niebla, Huelva, Andaluzia, Espanha | Spain 1992
VII Mostra de Teatro de Sertãozinho, 1993
Festival Avignon Public Off, França | Le Festival d'Avignon – Festival Off, France 1993
The Kirin International Arts Festival, Cambridge, Inglaterra | England 1993

Eddimburgh Fringe Festival, Edimburgo, Escócia | Scotland 1993
British Festival of Visual Theatre, Londres, Inglaterra
| London, England 1993
Festival de Curitiba – Fringe 1997
Festival de Curitiba – Mostra Oficial | Official Schedule 1998
Festival de Curitiba – Fringe 1998
Festival de Curitiba – Fringe 2000
Festival de Curitiba – Mostra Oficial | Official Schedule 2004
Festival Internacional de Rio Preto 2004
Mostra de Teatro, Sertãozinho 2004
Festival de Curitiba – Mostra Paralela 2005
Festival de Teatro do Recife 2005
Mülheimer Theaater Tage, Mülheim, Alemanha | Germany 2006
Bunny Hill, Munique, Alemanha | Germany 2006
Autoren Tage, Hamburgo, Alemanha | Germany 2006
Play Off, Gelsenkirchen e Dortmund, Alemanha | Germany 2006
Mostra de Referências Teatrais, Suzano 2006
Mostra de Teatro, Sertãozinho 2007
Festival de Curitiba – Mostra Oficial | Official Schedule 2008
Festival de Curitiba – Residência das Artes | Artist in Residence 2008

TURNÊS | TOURS
Alemanha | Germany
Áustria | Austria
Bolívia | Bolivia
Cuba | Cuba
Dinamarca | Denmark
Escócia | Scotland
Espanha | Spain
França | France
Holanda | Holland
Inglaterra | England
Itália | Italy
Polônia | Poland
Portugal | Portugal
Suiça | Switzerland
Ucrânia | Ukraine
e em várias cidades brasileiras | and in many Brazilian cities

PREMIAÇÃO | AWARDS

Troféu APCA | APCA Trophy
da Associação Paulista dos Críticos de Arte
| São Paulo Art Critics Association (APCA)
Melhor Ator | Best Actor Ivam Cabral
Melhor Atriz Coadjuvante | and Best Supporting Actress Rosimeri Ciupak
Espetáculo | Theater Piece "Arlequim"
Ano | Year 1989

Troféu Mambembe | Mambembe Trophy
do Ministério da Cultura e Fundacen – Fundação Nacional das Artes
Cênicas | Ministry of Culture and Brazilian Performing Arts Foundation (FUNDACEN)
Indicação para a categoria Autor de Peça Nacional | Nominations for
Best Author of Brazilian Play Rodolfo García Vázquez, Ivam Cabral
Espetáculo | Theater Piece "Arlequim"
Ano | Year 1989

Prêmio Apetesp de Teatro | APETESP Theater Award
da Associação dos Produtores de Espetáculos Teatrais do Estado
de São Paulo | Theater Producers Association of the State of São Paulo (APETESP)
Indicações para as categorias | Nominations for Direção | Director
(Rodolfo García Vázquez); Ator | Actor (Ivam Cabral); Ator

Coadjuvante | Supporting Actor (Camasi Guimarães); Produtor Executivo
| Executive Producer (Ivam Cabral); Iluminação | Lighting (Paula Madureira)
e Ator Revelação | and New Actor (Camasi Guimarães) Espetáculo
| Theater Piece "Sades ou Noites com os Professores Imorais"
Ano | Year 1990

Prêmio Apetesp de Teatro | APETESP Theater Award
Indicações para as categorias | Nominations for Melhor Espetáculo
| Best Theater Piece; Autor | Author (Rodolfo García Vázquez, Ivam Cabral);
Diretor | Director (Rodolfo García Vázquez); Ator | Actor
(Néviton de Freitas); Ator Coadjuvante | Supporting Actor
(Camasi Guimarães); Produtor | Producer (Os Satyros);
Figurinos | Costumes (Lauro Tramujas)
Espetáculo | Theater Piece "Arlequim"
Ano | Year 1990

Prêmio Apetesp de Teatro | APETESP Theater Award
Indicações para as categorias | Nominations for Melhor Espetáculo
| Best Theater Piece; Autor | Actor (Rodolfo García Vázquez, Ivam Cabral);
Diretor | Director (Rodolfo García Vázquez); Produtor Executivo
| Executive Producer (Penha Dias, Jane Patrício); Iluminação | Lighting
(Rodolfo García Vázquez); Cenografia e Figurinos | Scenography and
Costumes (Camasi Guimarães, Tatiana Szymczakowiski);
Revelação | New Actress (Tatiana Szymczakowiski)
Espetáculo | Theater Piece "Saló, Salomé"
Ano | Year 1991

Prêmio Apetesp | APETESP Award
Indicação para a categoria Ator Coadjuvante | Nomination for Best
Supporting Actor Emerson Caperbat
Espetáculo | Theater Piece "A Proposta"
Ano | Year 1991

Troféu APCA | APCA Trophy
Indicação para a categoria Melhor Espetáculo | Nominated for Best
Theater Piece
Espetáculo "Saló, Salomé"
Ano 1991

Troféu Gralha Azul | Blue Jay Trophy
Indicação para a categoria Melhor Ator | Nomination for Best Actor
Ivam Cabral
Espetáculo | Theater Piece "Quando Você Disse que Me Amava"
Ano | Year 1995

Troféu Gralha Azul | Blue Jay Trophy
Indicação para a categoria Melhor Diretor | Nominated for Best Director
Rodolfo García Vázquez
Espetáculo | Theater Piece "Prometeu Agrilhoado"
Ano | Year 1996

Troféu Gralha Azul | Blue Jay Trophy
Melhor Atriz | Best Actress (Silvanah Santos) e Melhor Figurino
| and Best Costumes (Jeanine Rhinow)
Indicações para as categorias | Nominations for the categories
Melhor Espetáculo | Best Theater Piece, Direção | Director
(Rodolfo García Vázquez) e Iluminação | and Lighting (Ana Fabrício)
Espetáculo | Theater Piece "Electra"
Ano | Year 1997

Troféu Gralha Azul | Blue Jay Trophy
Melhor Espetáculo | Best Theater Piece, Melhor Ator | Best Actor
(Ivam Cabral), Melhor Diretor | Best Director (Marcelo Marchioro)
e Revelação | and New Actor (Cristina Conde)

Indicação para a categoria de Melhor Sonoplastia | Nominated for Best Sound Design (Paulo Biscaia Filho)
Espetáculo | Theater Piece "Killer Disney"
Ano | Year 1997

Prêmio Café do Teatro – Troféu Poty Lazarotto | Café do Teatro Award – Poty Lazarotto Trophy
Melhor Ator | Best Actor Ivam Cabral, **Atriz Revelação** | New Actress Andressa Medeiros
Espetáculo | Theater Piece "Killer Disney"
Ano | Year 1997

Troféu Gralha Azul | Blue Jay Trophy
Melhor Atriz Coadjuvante | Best Supporting Actress Mazé Portugal
Indicações para as categorias | Nominations for Melhor Diretor | Best Director (Rodolfo García Vázquez), Melhor Atriz | Best Actress (Silvanah Santos), Atriz Coadjuvante | Supporting Actress (Patrícia Vilela), Melhor Sonoplastia | Best Sound Design (Demian Garcia), Luz | Lighting (Ana Fabrício)
Espetáculo | Theater Piece "Os Cantos de Maldoror"
Ano | Year 1998

Troféu Gralha Azul | Blue Jay Trophy
Indicações para as categorias | Nominations for Melhor Ator Coadjuvante | Best Supporting Actor (Maurício Souza Lima), Atriz Revelação | New Actress (Brígida Menegatti) e Composição Musical | and Musical Composition (Demian Garcia)
Espetáculo | Theater Piece "Urfaust"
Ano | Year 1998

Troféu Gralha Azul | Blue Jay Trophy
Melhor Ator | Best Actor Tadeu Peroni
Indicações para as categorias | Nominations for Melhor Direção | Best Director (Rodolfo García Vázquez) e Figurino | and Costumes (Iz)
Espetáculo | Theater Piece "A Farsa de Inês Pereira"
Ano | Year 1999

Troféu Gralha Azul | Blue Jay Trophy
Melhor Ator Coadjuvante | Best Supporting Actor Adolfo Pimentel
Indicação para a categoria de Atriz Coadjuvante | Nomination for Supporting Actress Silvanah Santos
Espetáculo | Theater Piece "Coriolano"
Ano | Year 1999

Os Melhores do Ano 2000 no | The Best of 2000 in Paraná **Troféu Imprensa**
Concedido pela International Press, Paraná em Revista e pelo jornalista Carlos Maranhão | Awarded by International Press, Paraná em Revista (magazine) and journalist Carlos Maranhão
Ano | Year 2000

Troféu Gralha Azul | Blue Jay Trophy
Melhor Ator | Best Actor Ivam Cabral
Indicação para a categoria de Melhor Diretor | Nominated for Best Director Rodolfo García Vázquez
Espetáculo | Theater Piece "Retábulo da Avareza, Luxúria e Morte – Pacto de Sangue"
Ano | Year 2000

Troféu Gralha Azul | Blue Jay Trophy
Prêmios | Awards Melhor Espetáculo | Best Theater Piece; Melhor Direção | Best Director (Rodolfo García Vázquez); Melhor Autor | Best Author (Zeca Corrêa Leite); Melhor Atriz | Best Actress (Silvanah Santos); Melhor Cenário | Best Set (Ivam Cabral); Melhor Sonoplastia | Best Sound Design (Ivam Cabral)

Indicação para a categoria Melhor Iluminação | Nomination for Best Lighting Ana Fabrício
Espetáculo | Theater Piece "Quinhentas Vozes"
Ano | Year 2001

Prêmio Shell | Shell Award
Melhor Iluminação | Best Lighting Rodolfo García Vázquez
Espetáculo | Theater Piece "Sappho de Lesbos"
Ano | Year 2001

Prêmio Shell
Indicação Melhor Iluminação | Nomination Best Lighting Rodolfo García Vázquez
Espetáculo | Theater Piece "Retábulo da Avareza, Luxúria e Morte"
Ano | Year 2001
Indicação para a categoria Melhor Atriz | Nomination: Best Actress Olga Nenevê
Espetáculo | Theater Piece "Kaspar"
Ano | Year 2002

Prêmio Shell | Shell Award
Indicação a melhor Iluminação | Nomination: Best Lighting Rodolfo García Vázquez
Espetáculo | Theater Piece "De Profundis"
Ano | Year 2002

Prêmio Ocupação do Novo Rebouças | Occupation of Novo Rebouças Award
Pela Fundação Cultural de Curitiba destinado à companhias artísticas que dinamizassem o bairro do Novo Rebouças, em Curitiba | Curitiba Cultural Foundation for performing arts companies that enlivened the Novo Rebouças neighborhood in Curitiba
Ano | Year 2002

Prêmio Shell | Shell Award
Indicação melhor direção | Nomination Best Director Rodolfo García Vázquez **e melhor atriz** | and Best Actress Dulce Muniz
Espetáculo | Theater Piece "Antígona"
Ano | Year 2003

Prêmio "Cidadania em Respeito à Diversidade" | Citizens Respecting Diversity Award
conferido pela Associação do Orgulho de Gays, Lésbicas, Bissexuais e Transgêneros de São Paulo pela produção do espetáculo "De Profundis" | Awarded by the Gay, Lesbian, Bisexual and Transgender Pride Association of São Paulo for producing the theater piece "De Profundis"
Ano | Year 2003

Troféu Gralha Azul | Blue Jay Trophy
Atriz revelação | New Actress (Gisa Gutervil)
Indicação a melhor espetáculo | Nominations Best Theater Piece, **ator** | Actor Matheus Zucolotto **e ator revelação** | and New Actor Tarciso Fialho
Espetáculo | Theater Piece "Sobre Ventos na Fronteira"
Ano | Year 2004

Troféu Gralha Azul | Blue Jay Trophy
Cenário | Set Ivam Cabral
Indicação para as categorias Texto Original ou Adaptado | Nomination Original or Adapted Text Rodolfo García Vázquez, **Cenário** | Set Ivam Cabral, **Atriz** | Actress Pagú Leal, **Direção** | Director Rodolfo García Vázquez, **Melhor Espetáculo** | Best Theater Piece
Espetáculo | Theater Piece "Cosmogonia"
Ano | Year 2005

Prêmio Shell | Shell Award
Figurino | Costumes Fabiano Machado
Espetáculo | Theater Piece "Transex"
Ano | Year 2004

Prêmio Shell | Shell Award
Melhor diretor | Best Director Rodolfo García Vázquez
Indicação melhor atriz | Nomination Best Actress Angela Barros, **figurino**
| Costumes Fabiano Machado
Espetáculo | Theater Piece "A Vida na Praça Roosevelt"
Ano | Year 2005

Prêmio Qualidade Brasil | Brazil Quality Award
Melhor diretor | Best Director Rodolfo García Vázquez
Espetáculo | Theater Piece "A Vida na Praça Roosevelt"
Ano | Year 2005

Troféu APCA | APCA Trophy (Associação Paulista de Críticos de Arte)
Melhor espetáculo | Best Theater
Espetáculo | Theater Piece "Inocência"
Ano | Year 2006

Prêmio Shell | Shell Award
Indicação Direção | Nomination Director Rodolfo García Vázquez,
Cenário | Set Fábio Lupo, Marcelo Maffei, **Iluminação**
| Lighting Lenise Pinheiro
Espetáculo | Theater Piece "Inocência"
Ano | Year 2006

Prêmio Bravo! Prime de Cultura | Bravo! Prime Culture Award
Indicação a Melhor Programação Cultural | Nomination: Best Cultural
Event Schedule
Ano | Years 2006-07

Prêmio Shell | Shell Award
Melhor figurino | Best Costumes Marcio Vinicius
Indicação Melhor atriz | Nomination Best Actress Nora Toledo
Espetáculo | Theater Piece "Divinas Palavras"
Ano | Year 2007

Troféu Gralha Azul | Blue Jay Trophy
Ator Coadjuvante | Supporting Actor (Luiz Bertazzo), Atriz Coadjuvante
(Fernanda Magnani), Figurino (Marcelo Salles)
Indicação para as categorias | Nominations Coreografia | Choreography
(Lubieska Berg), Maquiagem | Makeup (Cristóvão de Oliveira),
Figurino | Costumes (Marcelo Salles), Ator Coadjuvante | Supporting Actor
(Luiz Bertazzo), Atriz Coadjuvante | Supporting Actress
(Fernanda Magnani), Ator | Actor (Marcos Zenni) e
Melhor Espetáculo
Espetáculo | and Best Theater Piece "O Burguês Fidalgo"
Ano | Year 2007

Prêmio APCA | APCA Award
Prêmio Especial da Crítica | Critics' Special Award Satyrianas
Ano | Year 2007

Prêmio Femsa de Teatro Infantil e Jovem | Femsa Children and Youth
Theater Award
Indicação para a categoria Melhor Espetáculo Jovem | Nominated for
Best Youth Theater Piece
Espetáculo | Theater Piece "Cidadão de Papel"
Ano | Year 2007

Prêmio Villanueva | Villanueva Award – UNEAC – Cuba
Melhor espetáculo estrangeiro | Best Foreign Theater Piece
Espetáculo | Theater Piece "Liz"
Ano | Year 2008

Prêmio Shell | Shell Award
Indicação | Nominations Direção | Director (Rodolfo García Vázquez),
Iluminação | Lighting (Flavio Duarte)
Espetáculo | Theater Piece "Justine"
Ano | Year 2009

CRÉDITOS LOGOMARCA GRUPO SATYROS | CREDITS OF SATYROS GROUP´S LOGO
Rogério Trajano

CRÉDITOS FOTOGRÁFICOS | PHOTOGRAPH CREDITS

sobrecapa | dust jacket **Thiago Ventura | Justine**
capa | cover **André Porto | Divinas Palavras**

Acervo do grupo | Group´s collection 41, 87(1)(2), 100, 101(2) 103, 108-109, 110(2), 111
Adi Leite 57
André Porto 2-3, 16, 121, 122-123, 124, 125, 126, 127, 129, 132-133, 135, 136, 137, 283, 285
André Stéfano 11, 26, 61, 63, 67, 68, 69, 71, 73(2), 77, 78-79, 83, 88, 89, 138, 139, 201, 202(1)(2)(3), 204, 205, 207, 209(1)(2), 210, 214-215, 217, 218(2), 221, 228(1), 242, 226(1)(2), 261(1)(2), 264, 265, 267, 269, 270(1)(2), 271, 272, 274, 275, 277, 278, 281, 284, 310(1)(2), 311
Artur Ferrão 74, 197
Bob Souza 288, 306, 307(4), 308, 309
Daniel Cobucci 219(1)(2)
Eddie Moraez 94, 95, 96, 97, 98, 99
Eduardo Castanho 223, 229
Fabiana Araújo 27
Flavio Sampaio 282
Guilherme C 8, 9, 23, 32, 80, 86, 184-185, 188(1)(2), 187(1), 260, 287, 295, 296, 319(1)(2), 320-321, 323(1)
Hélio Dusk 6-7, 64, 65, 191, 192-193, 218(1), 240-241
João Ballas 36, 37, 39, 44(3), 45, 46, 48, 49, 51, 52, 53, 54, 58, 59
Lenise Pinheiro 35, 66, 70, 194(1)(2), 195, 208, 228(2), 244, 245(1)(2), 249, 250, 251, 253, 254, 255, 273
Luciana Camargo 131
Marcelo Erven 163(2)
Marcelo Mafei 289, 291, 292, 294, 297(1)(2)
Marcos Camargo 81, 84
Marcus Nascimento 239
Marta Baião 237
Rafael Amambahy 130
Ricardo Massaki 238
Roberto Reitenbach 28, 112-113, 114, 116, 117(1)(2), 119, 141, 142, 143, 144-145, 146, 147(2),105, 106-107, 150, 151, 152, 153, 154, 155, 156, 160(2), 161, 165, 166, 170, 172, 174, 176, 177, 181
Thiago Ventura 312-313, 314-315, 316, 317, 323(2), 324-325, 326-327, 328-329
Walter Antunes 12, 20, 246, 248, 252
Wanderley Costa 222, 224, 225, 226, 227(1)(2), 231

fortuna Crítica
critical fortune

"Destacando-se o Arlequim de Ivam Cabral e o Polichinelo de Lauro Tramujas. Um corajoso e elogiável aproveitamento da Commedia dell'Arte." Clóvis García, *Jornal da Tarde*, São Paulo, novembro de 1989, sobre "Aventuras de Arlequim"

"Um espetáculo teatral baseado em Sade é sempre difícil. Um grupo jovem aceitou e venceu o desafio." Carmelinda Guimarães, *A Tribuna*, Santos, janeiro de 1991, sobre "Sades ou Noites com os Professores Imorais"

"Contando com as boas interpretações de um elenco homogêneo, vale ressaltar a coragem dos atores." Paulo Delmontes, *Jornal do Planalto*, São Paulo, janeiro de 1991, sobre "Sades ou Noites com os Professores Imorais"

"...além da profundidade do texto, se destaca pela precisa direção de Rodolfo García Vázquez e pelo perfeito entrosamento entre os atores." Maurício Mellone, *Contigo*, São Paulo, fevereiro de 1991, sobre "Sades ou Noites com os Professores Imorais"

"Vale pela ousadia de dar um tapa na cara num momento em que o teatro tem optado por se esconder sob luzes e véus." Vânia Alves, *Diário do Grande ABC*, Santo André, março de 1991, sobre "Sades ou Noites com os Professores Imorais"

"Um grupo de bons profissionais da Companhia Os Satyros tem feito verdadeiros gols de placa na encenação de Arlequim." Dib Carneiro Neto, *Veja São Paulo*, março de 1991, sobre "Aventuras de Arlequim"

"Não é só a competência do elenco que faz valer a pena prestigiar esta montagem. O figurino é digno de qualquer superprodução e o cenário simples e eficiente." Dib Carneiro Neto, *Veja São Paulo*, março de 1991, sobre "Aventuras de Arlequim"

"A iniciação mística, às avessas, pela exarcebação do sexo, é sugerida com eficiência, num trabalho corajoso." Álvaro Machado, *Folha de S. Paulo*, abril de 1991, sobre "Sades ou Noites com os Professores Imorais"

"A Proposta deve ser vista por quem curte teatro feito com humor e inteligência." Alberto Guzik, *Jornal da Tarde*, São Paulo, maio de 1991

"Agora, com um elenco renovado, a encenação está mais apurada, com resultado mais eficiente e dando a oportunidade ao nosso público de entrar em contato com os personagens da Commedia dell'Arte, o que é um elogiável trabalho cultural do grupo." Clóvis Garcia, *Jornal da Tarde*, São Paulo, junho de 1991, sobre "Aventuras de Arlequim"

"Se o fato acontecesse nos EUA logo apareceria um produtor esperto e levaria o espetáculo para as gargalhadas da Broadway." Afonso Gentil, *Folha da Tarde*, São Paulo, julho de 1991, sobre "A Proposta"

"O elenco é homogêneo e dirigido com talento por Rodolfo García." Edgard Olympio de Souza, *Diário Popular*, São Paulo, agosto de 1991, sobre "A Proposta"

"Saló Salomé e sua transgressão do espaço cênico do Bela Vista revela coerência com a proposta artaudiana das montagens anteriores do grupo." Álvaro Machado, *Folha de S.Paulo*, agosto de 1991

"E parece que está mesmo a hora mais porreta para furar a muralha do não, tanto que os jornais escancararam colunas para Os Satyros. Só falta agora algum teatrão convidar o grupo para seus veludos. E chegará a hora deles dizer, ao invés de ouvir, um não." Maurício Kubrusly, *Jornal Movimento*, São Paulo, agosto de 1991

"Salomé revoluciona o palco." Carmelinda Guimarães, *A Tribuna*, Santos, setembro de 1991

"Saló, Salomé é ousado, forte, vibrante." Carmelinda Guimarães, *A Tribuna*, Santos, setembro de 1991

"É um texto altamente político, um espetáculo muito teatral ." Carmelinda Guimarães, *A Tribuna*, Santos, setembro de 1991, sobre "Saló, Salomé"

"Ivam Cabral's Harlequin and Lauro Tramujas' *Pulcinella* are spectacular. A courageous and commendable enactment of *Commedia dell'Arte*." Clóvis García, Jornal da Tarde, São Paulo, November 1989, about "Aventuras de Arlequim"

"A theatrical spectacle based on Sade is always difficult. A young group accepted and overcame the challenge." Carmelinda Guimarães, A Tribuna, Santos, January 1991, about "Sades ou Noites com os Professores Imorais"

"Relying on the great interpretations of a homogenous cast, it is necessary to reiterate the courage of the actors." Paulo Delmontes, Jornal do Planalto, São Paulo, January 1991, about "Sades ou Noites com os Professores Imorais"

"... besides the depth of the text, it is remarkable due to the precise direction of Rodolfo García Vázquez and the perfect interaction between the actors." Mauricio Mellone, Contigo, São Paulo, February 1991, about "Sades ou Noites com os Professores Imorais"

"It is worth it due to the bold slap in the face at a time in which theater has opted to hide behind lights and veils." Vânia Alves, Diário do Grande ABC, Santo André, March 1991, about "Sades ou Noites com os Professores Imorais"

"A group of excellent professionals from the *Companhia Os Satyros* have scored perfectly with their staging of Harlequin." Dib Carneiro Neto, Veja São Paulo, March 1991, about "Aventuras de Arlequim"

"It is not only the skill of the cast that makes honoring this piece worthwhile. The costume design is fit for any super production and the stage setting is simple and efficient." Dib Carneiro Neto, Veja São Paulo, March 1991, about "Aventuras de Arlequim"

"The mystic initiation, though somewhat twisted through the exacerbation of sex, is efficiently suggested in a courageous effort." Álvaro Machado, Folha de S. Paulo, April 1991, about "Sades ou Noites com os Professores Imorais"

"*A Proposta* should be seen by those who enjoy theater produced with humor and intelligence." Alberto Guzik, Jornal da Tarde, São Paulo, May 1991

"Now, with a renewed cast, the staging is more intense, with a more efficient results and providing our public the opportunity to come into contact with the characters from *Commedia dell'Arte*, which is a commendable praiseworthy job by the group." Clóvis García, Jornal da Tarde, São Paulo, June 1991, about "Aventuras de Arlequim"

"If this took place in the USA, some smart producer would soon appear and take this show all the way to the roaring laughter of Broadway." Afonso Gentil, Folha da Tarde, São Paulo, July 1991, about "A Proposta"

"The cast is perfectly in tune and wonderfully directed by Rodolfo García." Edgard Olympio de Souza, Diário Popular, São Paulo, August 1991, about "A Proposta"

"*Saló Salomé* and its transgression of scenic space of the Bela Vista Theater reveals coherence with the Artudian proposals of the group's earlier presentations." Álvaro Machado, Folha de S.Paulo, August 1991

"And it seems this is the perfect time to break through the wall of NO, so much so that the newspapers left columns wide open for Os Satyros. The only thing lacking now is for some big theater to invite the group on to its stage. And the time will come for them to say, instead of hear, NO." Maurício Kubrusly, Jornal Movimento, São Paulo, August 1991

"*Salomé* is revolutionizing the stage." Carmelinda Guimarães, A Tribuna, Santos, September 1991

"*Saló, Salomé* is bold, strong and vibrant." Carmelinda Guimarães, A Tribuna, Santos, September 1991

"It is a highly political text, and a very theatrical show." Carmelinda Guimarães, A Tribuna, Santos, September 1991, about "Saló, Salomé"

"Uma produção com 21 atores e dois músicos que não teve custos. Porque não existe orçamento. Nem anúncios pagos. Mas Rodolfo García Vázquez realiza um teatro vibrante. Por isso o seu teatro está cheio todas as noites. O público se acomoda no chão, no meio dos artistas, e nas poucas cadeiras que sobraram em volta do palco. Porque todo o teatro é palco. Todos são envolvidos pela encenação." Carmelinda Guimarães, *A Tribuna*, Santos, setembro de 1991, sobre "Saló, Salomé"

"Quem gosta de emoções mais espirituosas e mais violentas não deve perder Saló, Salomé." Alberto Guzik, *Jornal da Tarde*, São Paulo, dezembro de 1991

"O grupo faz teatro experimental a sério. E tem conseguido apurar seu alvo a cada novo espetáculo." Alberto Guzik, *Jornal da Tarde*, São Paulo, dezembro de 1991, sobre "Saló, Salomé"

"Causaram mais sensações nos espectadores os trabalhos de Antunes Filho em Nova Velha História e de Rodolfo García Vázquez em A Proposta." Afonso Gentil, *Folha da Tarde*, São Paulo, dezembro de 1991, ao fazer um balanço sobre a produção teatral daquele ano

"Ivam Cabral e Rodolfo García Vázquez são artistas viscerais, empenhados em descobrir um teatro novo, inquietante. Instalados no Teatro Bela Vista desde 1990, transformaram o pequeno espaço da rua Major Diogo num centro ativo de criação." Alberto Guzik, *Jornal da Tarde*, São Paulo, abril de 1992

"É oportuna a montagem do grupo Os Satyros." Arlete Alcântara, *Diário Popular*, São Paulo, abril de 1992, sobre "Munacuyay"

"O tom solene do texto (...) a envolvente música executada ao vivo; a caprichada iluminação (...) merece respeito por procurar sacudir a poeira do acomodamento do teatro convencional." Afonso Gentil, *Folha da Tarde*, São Paulo, abril de 1992, sobre "Munacuyay"

"Confirma o comprometimento do grupo com o teatro atual." *Diário de Notícias de São Paulo*, maio de 1992, sobre "Munacuyay"

"Um espetáculo de nível internacional. Produto raro no mercado artístico da cidade." *O Diário de Osasco*, maio de 1992, sobre "Saló, Salomé"

"Os Satyros comunicam a angústia sadia de artistas resistentes num Brasil que caminha para o terceiro mundo e meio." Daniel Guerra, *Correio da Manhã*, Lisboa, Portugal, junho de 1992, sobre "Saló, Salomé"

"A Companhia de Teatro Os Satyros apresentou um dos espetáculos mais provocatórios da 15a edição do Fitei. O erotismo e a desmesura cênica fizeram de Saló, Salomé um espetáculo violento, recheado de sugestões escatológicas que o público, que encheu, por duas vezes, o Auditório Carlos Alberto, aplaudiu vigorosamente." *Público*, Lisboa, Portugal, junho de 1992

"Ou dito de outra forma, reinventar o teatro é preciso. Viva o teatro. Salomé à cena." José A. Braga, *Diário de Notícias*, Lisboa, Portugal, julho de 1992

"Apostam em um teatro visual, muito centrado na beleza estética das cenas, e rápido, no estilo dos novos grupos espanhóis de quem dizem ter muita influência." Carmen Jara, *Huelva Información*, Huelva, Espanha, agosto de 1992, sobre "Saló, Salomé"

"Se puderem não percam. Um teatro revolucionário e diferente." Cristina Duarte, *Blitz*, Lisboa, Portugal, janeiro de 1993, sobre "A Filosofia na Alcova"

"Em Lisboa houve teatro diferente." Adelino Cunha, *O Diabo*, Lisboa, Portugal, fevereiro de 1993, sobre "A Filosofia na Alcova"

"Não se pode negar que Os Satyros sejam corajosos. E o deus do Bom Sucesso está a premiá-los com lotações esgotadas." Manuel João Gomes, *Público*, Lisboa, Portugal, fevereiro de 1993, sobre "A Filosofia na Alcova"

"A production with 21 actors and two musicians with no costs. Because there is no budget. Not even paid advertisements. But Rodolfo García Vázquez has managed to create a vibrant theatrical piece. This is why his presentation is full every night. The audience settles in on the floor, among the artists, and on the few seats left around the stage. Because the whole theater is a stage. Everyone is involved through the staging." Carmelinda Guimarães, A Tribuna, Santos, September 1991, about "Saló, Salomé"

"Those who enjoy more spiritual and more violent emotions shouldn't miss out on *Saló, Salomé*." Alberto Guzik, Jornal da Tarde, São Paulo, May 1991

"The group takes experimental theater seriously. And have managed to hit the mark with each new performance." Alberto Guzik, Jornal da Tarde, São Paulo, December 1991, about "Saló, Salomé"

"*Nova Velha História*, by Antunes Filho, and *A Proposta*, by Rodolfo García Vázquez, caused many sensations in spectators." Afonso Gentil, Folha da Tarde, São Paulo, December 1991, when reviewing theatrical production from that year

"Ivam Cabral and Rodolfo García Vázquez are visceral artists, committed to discovering a new, disquieting, form of theater. Installed in Bela Vista Theater since 1990, they have transformed the small space on rua Major Diogo into an active center of creation." Alberto Guzik, Jornal da Tarde, São Paulo, April 1992

"The presentation by the group *Os Satyros* is very well-timed." Arlete Alcântara, Diário Popular, São Paulo, April 1992, about "Munacuyay"

"The grave tone of the text (...) the engaging music heard live; the spectacular lighting (...) deserves respect for attempting to dust off the accommodating sensation of conventional theater." Afonso Gentil, Folha da Tarde, São Paulo, April 1992, about "Munacuyay"

"It confirms the group's commitment to current theater." São Paulo Diário de Notícias, May 1992, about "Munacuyay"

"A performance of an international standard. Something rare in the city's artistic market." O Diário de Osasco, May 1992, about "Saló, Salomé"

"Os Satyros communicate the healthy anguish of resistant artists in a Brazil heading far beyond the third world." Daniel Guerra, Correio da Manhã, Lisbon, Portugal, June 1992, about "Saló, Salomé"

"Os Satyros theater company presented one of the most provocative performances of FITEI's 15th edition. The erotism and scenic incivility made Saló, Salomé a violent spectacle, filled with eschatologic suggestions that the audience, who twice filled the Carlos Alberto Auditorium, vigorously applauded." Público, Lisbon, Portugal, June 1992

"Or worded differently, the reinvention of theater is necessary. Long live theater. Salomé is on stage." José A. Braga, Diário de Notícias, Lisbon, Portugal, July 1992

"The focus on visual theater, heavily centered on the aesthetic beauty of the scenes, and fast paced, in the style of the Spanish groups they take their influence from." Carmen Jara, Huelva Información, Huelva, Spain, August 1992, about "Saló, Salomé"

"Do your best to see it. A revolutionary and unique theater piece." Cristina Duarte, Blitz, Lisbon, Portugal, January 1993, about "A Filosofia na Alcova"

"There was unique theater in Lisbon." Adelino Cunha, O Diabo, Lisbon, Portugal, February 1993, about "A Filosofia na Alcova"

"One cannot deny Os Satyros are courageous. And the gods of success are rewarding them with sold-out shows." Manuel João Gomes, Público, Lisbon, Portugal, February 1993, about "A Filosofia na Alcova"

"A peça, dentro da sua amoralidade intrínseca, é uma obra de arte nas suas preocupações estéticas de encenação e montagem. Um drama violento e um espetáculo de arte pura que Rodolfo García Vázquez soube construir." Jorge Pelayo, *O Dia*, Lisboa, Portugal, março de 1993, sobre "A Filosofia na Alcova"

"Em verdadeiro ambiente de cabaré, ninguém ficou, de fato, indiferente a uma montagem cênica com laivos surrealistas, digna do melhor filme noir." *A Capital*, Lisboa, Portugal, maio de 1993, sobre "Rusty Brown em Lisboa"

"Não falta a Rusty Brown o tempero provocatório das anteriores produções de Os Satyros. Há uma certa atenção à atualidade e uma intenção de castigar, em cima da hora, os costumes portugueses ." Manuel João Gomes, *Público*, Lisboa, Portugal, maio de 1993

"Um espetáculo vivo, apaixonado, angustiante e extremamente doloroso." Carlos Castro, *Revista Dona*, Lisboa, Portugal, maio de 1993, sobre "De Profundis"

"São momentos lancinantes. A solidão, o fracasso, a loucura e o medo de Wilde em revelações impressionantes. Que dois atores – Ivam Cabral e Daniel Gaggini – interpretam com notoriedade." Carlos Castro, *Revista Dona*, Lisboa, Portugal, maio de 1993, sobre "De Profundis"

"A sonoplastia excelente tem rasgos maiores no espetáculo. É uma novíssima proposta de vanguarda a merecer atenção." Carlos Castro, *Revista Dona*, Lisboa, Portugal, maio de 1993, sobre "De Profundis"

"Mais eficazes do que nos trabalhos anteriores." Manuel João Gomes, *Público*, Lisboa, Portugal, junho de 1993, sobre "De Profundis"

"A sensação do Edinburgh Festival." John Orr, *The Scotsman*, Edimburgo, Inglaterra, agosto de 1993, sobre "A Filosofia na Alcova"

"Transforma pornografia em arte dramática." John Orr, *The Scotsman*, Edimburgo, Inglaterra, agosto de 1993, sobre "A Filosofia na Alcova"

"O espetáculo é profundamente honesto em seu assalto às hipocrisias humanas. "Eriend Ciouston, *The Guardian*, Londres, Inglaterra, agosto de 1993, sobre "A Filosofia na Alcova"

"A encenação é original e as interpretações equilibradas." Eriend Ciouston, *The Guardian*, Londres, Inglaterra, agosto de 1993, sobre "A Filosofia na Alcova"

"Reserve agora antes que esgote." Jan Frank, *Evening News*, Edimburgo, Escócia, agosto de 1993, sobre "A Filosofia na Alcova"

"Espetáculo corajoso." Thom Dibdin, *The List*, Glasgow, Escócia, agosto de 1993, sobre "A Filosofia na Alcova"

"Esta é uma produção séria que não pode ser interpretada como uma apelação barata." Thom Dibdin, *The List*, Glasgow, Escócia, agosto de 1993, sobre "A Filosofia na Alcova"

"A Companhia Os Satyros é muito mais ousada que qualquer outra companhia britânica que eu jamais vi." Kate Bassett, *The Times*, Londres, Inglaterra, setembro de 1993, sobre "A Filosofia na Alcova"

"Ivam Cabral tem excelente performance." Kate Bassett, *The Times*, Londres, Inglaterra, setembro de 1993, sobre "A Filosofia na Alcova"

"Rodolfo García Vázquez adapta e dirige Sade com muito maior sucesso que Nick Headges, que concebeu Os 120 Dias de Sodoma há dois anos." Kate Bassett, *The Times*, Londres, Inglaterra, setembro de 1993, sobre "A Filosofia na Alcova"

"Não há nenhum grupo de teatro lisboeta que se atreva a tanto." Manuel João Gomes, *Público*, Lisboa, Portugal, outubro de 1993, sobre "A Filosofia na Alcova"

"Registro de intensidade dramática apreciável." Paulo Lopes Lourenço, *Diário de Notícias*, Lisboa, Portugal, outubro de 1993, sobre "A Filosofia na Alcova"

¨Within its intrinsic amorality, the piece is a work of art in its esthetic concern with staging and presentation. A violent drama and a pure art spectacle that Rodolfo García Vázquez knows how to put together.¨ Jorge Pelayo, O Dia, Lisbon, Portugal, March 1993, about ¨A Filosofia na Alcova¨

¨In true cabaret atmosphere, no one felt indifferent to the scenic presentation with surrealist traits, worthy of the best film noir.¨ A Capital, Lisbon, Portugal, May 1993, about ¨Rusty Brown em Lisbao¨

¨Rusty Brown lacks none of the provocative seasoning of the previous Os Satyros' productions. There is a certain attention to current times and intent to punish Portuguese customs at the very last minute.¨ Manuel João Gomes, Público, Lisbon, Portugal, May 1993

¨A live, passionate, anguishing and extremely painful performance.¨ Carlos Castro, Revista Dona, Lisbon, Portugal, May 1993, about ¨De Profundis¨

¨Filled with harrowing moments. Solitude, weakness, madness and the fear of Wilde in impressive revelations, which two actors – Ivam Cabral and Daniel Gaggini – interpret with notoriety.¨ Carlos Castro, Revista Dona, Lisbon, Portugal, May 1993, about ¨De Profundis¨

¨The excellent sound design has greatly featured in the show. It is a brand new proposal of vanguard, deserving of attention.¨ Carlos Castro, Revista Dona, Lisbon, Portugal, May 1993, about ¨De Profundis¨

¨More impressive than previous efforts.¨ Manuel João Gomes, Público, Lisbon, Portugal, June 1993, about ¨De Profundis¨

¨The sensation of Edinburgh Festival.¨ John Orr, The Scotsman, Edinburg, Scotland, August 1993, about ¨A Filosofia na Alcova¨

¨It transforms pornography into dramatic art.¨ John Orr, The Scotsman, Edinburg, Scotland, August 1993, about ¨A Filosofia na Alcova¨

¨The performance is profoundly honest in its assault on human hypocrisy.¨ Eriend Ciouston, The Guardian, London, England, August 1993, about ¨A Filosofia na Alcova¨

¨The staging is original and the interpretations well balanced.¨ Eriend Ciouston, The Guardian, London, England, August 1993, about ¨A Filosofia na Alcova¨

¨Book now before it sells out.¨ Jan Frank, Evening News, Edinburg, Scotland, August 1993, about ¨A Filosofia na Alcova¨

¨A courageous performance.¨ Thom Dibdin, The List, Glasgow, Scotland, August 1993, about ¨A Filosofia na Alcova¨

¨This is a serious production that cannot be treated as a cheap recourse.¨ Thom Dibdin, The List, Glasgow, Scotland, August 1993, about ¨A Filosofia na Alcova¨

¨Companhia Os Satyros is much bolder than any British company I have ever seen.¨ Kate Bassett, The Times, London, England, September 1993, about ¨A Filosofia na Alcova¨

¨Ivam Cabral gives an excellent performance.¨ Kate Bassett, The Times, London, England, September 1993, about ¨A Filosofia na Alcova¨

¨Rodolfo García Vázquez adapts and directs Sade with much more success than Nick Headges, who conceived 120 Days of Sodom two years ago.¨ Kate Bassett, The Times, London, England, September 1993, about ¨A Filosofia na Alcova¨

¨There is no Lisbon based theater group quite as bold.¨ Manuel João Gomes, Público, Lisbon, Portugal, October 1993, about ¨A Filosofia na Alcova¨

¨An enjoyable record of dramatic intensity.¨ Paulo Lopes Lourenço, Diário de Notícias, Lisbon, Portugal, October 1993, about ¨A Filosofia na Alcova¨

"É desejável. Está certíssimo." Manuel João Gomes, *Público*, Lisboa, novembro de 1993, sobre "De Profundis"

"Necessário e devastador." Vecherny Kyiv, *Kiev*, Ucrânia, novembro de 1993, sobre "A Filosofia na Alcova"

"O teatro ucraniano antes e depois de Os Satyros." *Today*, Kiev, Ucrânia, novembro de 1993, sobre "A Filosofia na Alcova"

"Na medida exata para incomodar." Luciana Hidalgo, *Jornal do Brasil*, Rio de Janeiro, fevereiro de 1994, sobre "A Filosofia na Alcova"

"Um espetáculo envolvente, que faz o cruzamento entre o lirismo e o discurso de vanguarda." Cristina Durán, *O Estado de S.Paulo*, janeiro de 1995, sobre "Sappho de Lesbos"

"Um espetáculo belo, ousado e radical." *TV Guia*, Lisboa, Portugal, fevereiro de 1995, sobre "Sappho de Lesbos"

"Teatro sério, quase um prodígio." Manoel João Gomes, *Público*, Lisboa, Portugal, abril de 1995, sobre "Valsa nº 6"

"Vale a pena ver Valsa." Manoel João Gomes, *Público*, Lisboa, Portugal, abril de 1995

"Com esta montagem a companhia dá uma guinada na careira." Zeca Corrêa Leite, *Folha de Londrina*, Curitiba, setembro de 1995 sobre "Quando Você Disse que me Amava"

"Um espetáculo sereno e apaziguador." Manuel João Gomes, *Público*, Lisboa, Portugal, janeiro de 1996, sobre "Woyzeck"

"Um retrato sensível do pequeno mundo que povoa a peça de Büchner." Carlos Porto, *Jornal de Letras*, Lisboa, Portugal, fevereiro de 1996, sobre "Woyzeck"

"Os Satyros, afinal, perceberam e recriaram o essencial." Manoel João Gomes, *Público*, Lisboa, Portugal, maio de 1996 sobre "Hamlet-Machine"

"Tudo somado, Hamlet-Machine é um espetáculo forte, inspirado e depurado." Manoel João Gomes, *Público*, Lisboa, Portugal, maio de 1996

"Foram usadas diversas linguagens que se completam, acrescidas de inovações técnicas com ótimo resultado, sem contudo menosprezar o uso da palavra." Lúcia Mocellin Araújo, *O Estado do Paraná*, Curitiba, junho de 1996, sobre "Prometeu Agrilhoado"

"O desafio do grupo Os Satyros foi colocar em cena o caos, optando pelo caminho mais difícil. Instigou, intrigou, questionou. Da aparente desorganização, fez ressurgir a proposta inicial de Prometeu: dar luz à humanidade." Lúcia Mocellin Araújo, *O Estado do Paraná*, Curitiba, junho de 1996, sobre "Prometeu Agrilhoado"

"Todas as referências à modernidade fazem parte do espetáculo, criando uma forma indissociável." Maria Argentina Humia, *O Estado do Paraná*, Curitiba, fevereiro de 1997, sobre "Prometeu Agrilhoado"

"O texto de Ivam Cabral tem o grande mérito de lidar com uma linguagem que mantém o necessário tom dramático sem ser empolada, além de conseguir sintetizar uma história complexa em um espetáculo de apenas uma hora." Mariângela Guimarães, *Gazeta do Povo*, Curitiba, fevereiro de 1997, sobre "Electra"

"Apesar de tratar de um tema pesado – vingança –, a peça consegue ser bastante lírica, fazendo com que o espectador descubra os mitos sob uma nova ótica, menos falsa e mais humana." Mariângela Guimarães, *Gazeta do Povo*, Curitiba, fevereiro de 1997, sobre "Electra"

"Uma excelente peça a ver atentamente, e que prova o entre-cruzamento cultural possível entre Portugal e Brasil para além das produções televisivas." *Jornal Ecos de Belém*, Lisboa, Portugal, outubro de 1997, sobre "Divinas Palavras"

"Digna de se ver." Manuel João Gomes, *Público*, Lisboa, Portugal, outubro de 1997, sobre "Divinas Palavras"

"It is tempting. It is 100% accurate." Manuel João Gomes, Público, Lisbon, November 1993, about "De Profundis"

"Necessary and devastating." Vecherny Kyiv, Kiev, Ukraine, November 1993, about "A Filosofia na Alcova"

"Ukrainian theater before and after Os Satyros." Today, Kiev, Ukraine, November 1993, about "A Filosofia na Alcova"

"Just the right measure to upset." Luciana Hidalgo, Jornal do Brasil, Rio de Janeiro, February 1994, about "A Filosofia na Alcova"

"It is an intriguing performance, which crosses lyricism with the discourse of vanguard." Cristina Durán, O Estado de S.Paulo, January 1995, about "Sappho de Lesbos"

"A beautiful, bold and extreme spectacle." TV Guia, Lisbon, Portugal, February 1995, about "Sappho de Lesbos"

"Serious theater, almost a prodigy." Manoel João Gomes, Público, Lisbon, Portugal, April 1995, about "Valsa nº 6"

"Valsa is definitely worth seeing." Manoel João Gomes, Público, Lisbon, Portugal, April 1995

"With this presentation the company has turned its career around." Zeca Corrêa Leite, Folha de Londrina, Curitiba, September 1995, about "Quando Você Disse que me Amava"

"A serene and disarming presentation." Manuel João Gomes, Público, Lisbon, Portugal, January 1996, about "Woyzeck"

"A sensitive portrait of the small world that inhabits Büchner's piece." Carlos Porto, Jornal de Letras, Lisbon, Portugal, February 1996, about "Woyzeck"

"Os Satyros, after all, perceived and recreated the essential." Manoel João Gomes, Público, Lisbon, Portugal, May 1996 about "Hamlet-Machine"

"All in all, Hamlet-Machine is a strong, inspired and pure presentation." Manoel João Gomes, Público, Lisbon, Portugal, May 1996

"Diverse languages were used that complete themselves, added to technical innovations with excellent results, without disparaging the use of the word." Lúcia Mocellin Araújo, O Estado do Paraná, Curitiba, June 1996, about "Prometeu Agrilhoado"

"The challenge of the Os Satyros group was to place chaos in the scene, opting for the most difficult path. They instigated, intrigued, and questioned. From the apparent disorganization, the led us back to the initial goal of Prometeu: to give birth to humanity." Lúcia Mocellin Araújo, O Estado do Paraná, Curitiba, June 1996, about "Prometeu Agrilhoado"

"All the references to modernity are part of the show, creating an inseparable form." Maria Argentina Humia, O Estado do Paraná, Curitiba, February 1997, about "Prometeu Agrilhoado"

"Ivam Cabral's text has the great merit of dealing with a language that maintains the necessary dramatic tone without being pretentious, as well as managing to align a complex story in a performance of just one hour." Mariângela Guimarães, Gazeta do Povo, Curitiba, February 1997, about "Electra"

"In spite of dealing with a somber theme – revenge –, the piece manages to be playful enough, allowing spectators to discover the myths through a new perspective, less false and more humane." Mariângela Guimarães, Gazeta do Povo, Curitiba, February 1997, about "Electra"

"An excellent piece to watch attentively, and one that proves cultural crossing, besides through mere televisions production, is possible between Portugal and Brazil." Jornal Ecos de Belém, Lisbon, Portugal, October 1997, about "Divinas Palavras"

"Worth seeing." Manuel João Gomes, Público, Lisbon, Portugal, October 1997, about "Divinas Palavras"

"Apesar de ser a sede do mais importante festival de teatro do país, será raro Curitiba assistir outra vez a produções locais tão afinadas com o que há de mais atual na produção mundial. A recém-estreada Killer Disney oferece temas tão contemporâneos e choques da modernidade ao público da capital." Álvaro Machado, *Folha de S.Paulo,* dezembro de 1997

"A montagem do grupo Satyros alcança plenamente a intensidade deste pesadelo hiper-realista." Álvaro Machado, *Folha de S.Paulo,* dezembro de 1997, sobre "Killer Disney"

"...acaba dando espaço para que o Presley de Ivam Cabral venha completamente à tona, pleno." Humberto Slowik, *Gazeta do Povo,* Curitiba, dezembro de 1997, sobre "Killer Disney"

"Um dos bons momentos do teatro paranaense deste ano." Humberto Slowik, *Gazeta do Povo,* Curitiba, dezembro de 1997, sobre "Killer Disney"

"Imperdível." Adélia Maria Lopes, *O Estado do Paraná,* Curitiba, dezembro de 1997, sobre "Killer Disney"

"Comovente interpretação de Ivam Cabral." Adélia Maria Lopes, *O Estado do Paraná,* Curitiba, dezembro de 1997, sobre "Killer Disney"

"Ivam Cabral se supera em cena." Mariângela Guimarães, *Gazeta do Povo,* Curitiba, fevereiro de 1998, sobre "Killer Disney"

"Apesar de ser um espetáculo aparentemente pequeno – são apenas quatro atores em cena, em um palco diminuto – tem trunfos que o transformaram numa das grandes montagens feitas na cidade nos últimos anos." Mariângela Guimarães, *Gazeta do Povo,* Curitiba, fevereiro de 1998, sobre "Killer Disney"

"Movidos pelo texto e auxiliados pela direção, os olhos do espectador são a camera." Valêncio Xavier, *Gazeta do Povo,* Curitiba, março de 1998, sobre "Killer Disney"

"Deve ser visto por todos aqueles que amam o teatro e o cinema." Valêncio Xavier, G*azeta do Povo,* Curitiba, março de 1998, sobre "Killer Disney"

"Acrescenta à alquimia e magia do próprio universo de Fausto as transformações que marcam o final do século XX, o avanço científico-tecnológico, realidade virtual e engenharia genética, tudo feito cuidadosamente pelo diretor García Vázquez." Ângela M. Ribeiro, *O Estado do Paraná,* Curitiba, março de 1998, sobre "Urfaust"

"Inteligentíssima concepção de Rodolfo García Vázquez para a obra de Goethe." Guilherne Motta, *Jornal do Estado,* Curitiba, maio de 1998, sobre "Urfaust"

"Enxuto, com um elenco competente, o espetáculo surpreende." Guilherne Motta, *Jornal do Estado,* Curitiba, maio de 1998, sobre "Urfaust"

"Ivam Cabral empresta a sua experiente performance à encenação e consegue concretizar a densidade do texto." Kátia Michelle, *O Estado do Paraná,* Curitiba, agosto de 1998, sobre "Os Cantos de Maldoror"

"A montagem revela que ainda há vida inteligente no teatro curitibano e aponta a experimentação dos Satyros como algo que deve ser observado com olhos mais atentos." Kátia Michelle, *O Estado do Paraná,* Curitiba, agosto de 1998, sobre "Os Cantos de Maldoror"

"Em cena, um elenco de ótimos atores – Ivam Cabral, Silvanah Santos, Marcelo Jorge – sob a direção do experiente Rodolfo García Vázquez." Mariângela Guimaràes, *Gazeta do Povo,* Curitiba, agosto de 1998, sobre "Os Cantos de Maldoror"

"Uma curiosa aventura teatral." Mariângela Guimarães, *Gazeta do Povo,* Curitiba, agosto de 1998, sobre "Os Cantos de Maldoror"

"O espetáculo é um mergulho profundo no universo feminino." Andréa Dammski, *Revista Ideia,* Curitiba, fevereiro de 1999, sobre "Medea"

"Inegavelmente sério e bem-intencionado." Lionel Fischer, *Tribuna da Imprensa,* Rio de Janeiro, fevereiro de 1999, sobre "Medea"

"In spite of being the host of the country's most important theater festival, it would be rare for Curitiba to have another opportunity to watch local productions so finely in tune with the best there is in current world production. The recently opened Killer Disney offers the capital's public contemporary themes and shocks of modernity." Álvaro Machado, Folha de S.Paulo, December 1997

"The presentation by the group Os Satyros fully achieved the intensity of this hyper-realist nightmare." Álvaro Machado, Folha de S.Paulo, December 1997, about "Killer Disney"

"...it ends up making room for Ivam Cabral's Presley to fully emerge." Humberto Slowik, Gazeta do Povo, Curitiba, December 1997, about "Killer Disney"

"One of the Paraná theater scene's best moments this year." Humberto Slowik, Gazeta do Povo, Curitiba, December 1997, about "Killer Disney"

"Unmissable." Adélia Maria Lopes, O Estado do Paraná, Curitiba, December 1997, about "Killer Disney"

"A moving performance by Ivam Cabral." Adélia Maria Lopes, O Estado do Paraná, Curitiba, December 1997, about "Killer Disney"

"Ivam Cabral is remarkable on stage." Mariângela Guimarães, Gazeta do Povo, Curitiba, February 1998, about "Killer Disney"

"In spite of being an apparently small scale production – there are only four actors on a small stage – there are trumps that turn it into one of the great presentations performed in the city in recent years." Mariângela Guimarães, Gazeta do Povo, Curitiba, February 1998, about "Killer Disney"

"Carried along by the texts and guided through superb direction, the eyes of the spectator are the camera." Valêncio Xavier, Gazeta do Povo, Curitiba, March 1998, about "Killer Disney"

"This should be seen by all those with a passion for theater and cinema." Valêncio Xavier, Gazeta do Povo, Curitiba, March 1998, about "Killer Disney"

"Added to the alchemy and magic of Fausto's own universe are transformations that leave a mark on the end of the 20th century, the scientific-technological advance, virtual reality and genetic engineering, all carefully crafted by director García Vázquez." Ângela M. Ribeiro, O Estado do Paraná, Curitiba, March 1998, about "Urfaust"

"Incredibly intelligent conception by Rodolfo García Vázquez for Goethe's masterpiece." Guilherne Motta, Jornal do Estado, Curitiba, May 1998, about "Urfaust"

"Elegant, with a skilled cast, an astounding performance." Guilherne Motta, Jornal do Estado, Curitiba, May 1998, about "Urfaust"

"Ivam Cabral bestows his experienced performance to the staging and manages to effectuate the density of the text." Kátia Michelle, O Estado do Paraná, Curitiba, August 1998, about "Os Cantos de Maldoror"

"The performance proves that there is still intelligent life in Curtiba's theater scene and shows Os Satyros' experimentation as something that should be observed with the most attentive eyes." Kátia Michelle, O Estado do Paraná, Curitiba, August 1998, about "Os Cantos de Maldoror"

"In scene, a cast of excellent actors – Ivam Cabral, Silvanah Santos, Marcelo Jorge –under the experienced direction of Rodolfo García Vázquez." Mariângela Guimarães, Gazeta do Povo, Curitiba, August 1998, about "Os Cantos de Maldoror"

"A curious theatrical adventure." Mariângela Guimarães, Gazeta do Povo, Curitiba, August 1998, about "Os Cantos de Maldoror"

"The play is a plunge into the feminine universe." Andréa Dammski, Revista Ideia, Curitiba, February 1999, about "Medea"

"Unequally serious and well intentioned." Lionel Fischer, Tribuna da Imprensa, Rio de Janeiro, February 1999, about "Medea"

"O resultado é visualmente muito bonito." Bárbara Heliodora, *O Globo*, Rio de Janeio, março de 1999, sobre "Medea"

"O elenco cumpre com empenho o complicado desenho das marcas, com momentos de grande beleza." Bárbara Heliodora, *O Globo*, Rio de Janeiro, março de 1999, sobre "Medea"

"A seriedade e as boas intenções desta Medea são indiscutíveis." Bárbara Heliodora, *O Globo*, Rio de Janeiro, março de 1999

"Os Satyros pisa com o pé direito no terreno da dramaturgia com a montagem de Coriolano, de Shakespeare, em cartaz no novo espaço da companhia." José Carlos Fernandes, *Gazeta do Povo*, Curitiba, setembro de 1999

"Correto e eficiente." José Carlos Fernandes, *Gazeta do Povo*, Curitiba, setembro de 1999, sobre "Coriolano"

"A qualidade foi maior, como nos casos de A Vida é Cheia de Som e Fúria (...) e de A Dança da Morte, dos Satyros." Nelson de Sá, *Folha de S.Paulo*, março de 2000, ao fazer um balanço sobre a 9ª edição do Festival de Teatro de Curitiba

"Concebido em tom circense, com figuras toscas desfiando histórias de amor e morte, o espetáculo comove e também faz rir – e muito." Zeca Corrêa Leite, *Folha do Paraná*, Londrina, setembro de 2000, sobre "Retábulo da Avareza, Luxúria e Morte"

"O espetáculo, dirigido com habilidade e inteligência, coloca o público dentro de uma taberna espanhola. (...) Vázquez obtém belos resultados. E as canções dos anos 30 e 40 que compõem a trilha executada ao vivo dão maior sabor ao Retábulo." Alberto Guzik, *Jornal da Tarde*, São Paulo, dezembro de 2000, sobre "Retábulo da Avareza Luxúria e Morte"

"A montagem leva para o palco um elenco liderado com brilho por Ivam Cabral." Alberto Guzik, *Jornal da Tarde*, São Paulo, dezembro de 2000, sobre "Retábulo da Avareza Luxúria e Morte"

"O teatro de sombras e o de marionetes são duas apresentações marcantes, que interrompem a narrativa principal de maneira subliminar. A técnica dos atores que participam da fábula inter-pretada com sombras é perfeita." Analu Andrigueti, *El Foco*, São Paulo, dezembro de 2000, sobre "Retábulo da Avareza, Luxúria e Morte"

"A interpretação de Ivam Cabral cantando com salto plataforma, vestido longo colado e cara de prostituta sensível vale o espetáculo." Analu Andrigueti, *El Foco*, São Paulo, dezembro de 2000, sobre "Retábulo da Avareza, Luxúria e Morte"

"A concepção de Rodolfo García Vázquez é muito bem cuidada, dando-nos a impressão de que realmente estamos num cabaré onde os convivas são patéticos aos olhos de si mesmos, como queria Valle-Inclán com sua obra." Cristian Avello Cancino, *IstoÉ Gente*, São Paulo, dezembro de 2000, sobre "Retábulo da Avareza, Luxúria e Morte"

"Ivam Cabral em participação irretocável." Cristian Avello Cancino, *IstoÉ Gente*, São Paulo, dezembro de 2000, sobre "Retábulo da Avareza, Luxúria e Morte"

"Uma atmosfera bem concebida por Vázquez e três atores experientes em cena – Ivam Cabral, Chico Neto e Camasi Guimarães (...) dirigidos com habilidade e criatividade." Aguinaldo Ribeiro da Cunha, *Diário Popular*, São Paulo, fevereiro de 2001, sobre "Retábulo da Avareza, Luxúria e Morte"

"Uma boa volta dos Satyros a São Paulo e ao teatro brasileiro." Aguinaldo Ribeiro da Cunha, *Diário Popular*, São Paulo, fevereiro de 2001, sobre "Retábulo da Avareza, Luxúria e Morte"

"Resgatando inquietações, anseios e felicidades comuns, o espetáculo funciona como um velho álbum de fotografias. Embora fale diretamente sobre o universo feminino e seus segredos, a peça é antes de tudo humana. Aborda com sutileza e emoção o mais íntimo de cada ser, seja ele homem ou mulher." Simone Mattos, *Folha do Paraná*, Curitiba, maio de 2001, sobre "Quinhentas Vozes"

"The result is visually very beautiful." Bárbara Heliodora, O Globo, Rio de Janeiro, March 1999, about "Medea"

"The cast fantastically fulfills the complicated design of the brands, with moments of exceptional beauty." Bárbara Heliodora, O Globo, Rio de Janeiro, March 1999, about "Medea"

"The seriousness and good intentions of this Medea are unquestionable." Bárbara Heliodora, O Globo, Rio de Janeiro, March 1999

"Os Satyros step into the realm of drama with the right foot with the presentation of Coriolanus, by Shakespeare, showing on the company's new stage." José Carlos Fernandes, Gazeta do Povo, Curitiba, September 1999

"Clever and efficient." José Carlos Fernandes, Gazeta do Povo, Curitiba, September 1999, about "Coriolano"

"Exceptional quality, as in the case of A Vida é Cheia de Som e Fúria (...) and A Dança da Morte, by Os Satyros." Nelson de Sá, Folha de S.Paulo, March 2000, on discussing the 9th edition of the Curitiba Theater Festival.

"Conceived in a circus tone, with rustic figures challenging histories of love and death, the performance is moving and also draws laughter." Zeca Corrêa Leite, Folha do Paraná, Londrina, September 2000, about "Retábulo da Avareza, Luxúria e Morte"

"The skillfully and intelligently directed performance places the public within a Spanish tavern. [...] Vázquez obtains wonderful results. And the songs from the 30s and 40s compose a soundtrack, executed live, gives Retábulo even more flavor." Alberto Guzik, Jornal da Tarde, São Paulo, December 2000, about "Retábulo da Avareza Luxúria e Morte"

"The presentation sets a liberated cast on stage with an outstanding performance by Ivam Cabral." Alberto Guzik, Jornal da Tarde, São Paulo, December 2000, about "Retábulo da Avareza Luxúria e Morte"

"The shadow play and marionettes are two touching presentations, that subtly interrupt the leading narrative. The technique of the actors that participate in the fable interpreted with shadows is perfect." Analu Andrigueti, El Foco, São Paulo, December 2000, about "Retábulo da Avareza, Luxúria e Morte"

"Ivam Cabral's interpretation alone, told with platform pumps, long tight dress and the face of a sensitive prostitute, makes the whole performance worthwhile." Analu Andrigueti, El Foco, São Paulo, December 2000, about "Retábulo da Avareza, Luxúria e Morte"

"Rodolfo García Vázquez's design is very well taken care of, giving us the impression that we really are in a cabaret where the guests are pathetic in their own eyes, just as Valle-Inclán intended with his work." Cristian Avello Cancino, IstoÉ Gente, São Paulo, December 2000, about "Retábulo da Avareza, Luxúria e Morte"

"Perfect participation by Ivam Cabral." Cristian Avello Cancino, IstoÉ Gente, São Paulo, December 2000, about "Retábulo da Avareza, Luxúria e Morte"

"An atmosphere perfectly conceived by Vázquez and three experienced actors on stage – Ivam Cabral, Chico Neto e Camasi Guimarães (...) directed with skill and creativity." Aguinaldo Ribeiro da Cunha, Diário Popular, São Paulo, February 2001, about "Retábulo da Avareza, Luxúria e Morte"

"An excellent return of Os Satyros to São Paulo and Brazilian theater." Aguinaldo Ribeiro da Cunha, Diário Popular, São Paulo, February 2001, about "Retábulo da Avareza, Luxúria e Morte"

"Recalling nervousness, anxiety and happiness all in one, the performance is like an old album of photographs. Even though it refers directly to the feminine universe and its secrets, more than anything, the piece is human. It subtly and touchingly approaches the most intimate thoughts of each human being, whether man or women." Simone Mattos, Folha do Paraná, Curitiba, May 2001, about "Quinhentas Vozes"

"Um bom espetáculo de Os Satyros." Jefferson Del Rios, *BRAVO!*, São Paulo, maio de 2001, sobre "Retábulo da Avareza, Luxúria e Morte"

"Surpreendente atuação de Ivam Cabral." Jefferson Del Rios, *BRAVO!*, São Paulo, maio de 2001, sobre "Retábulo da Avareza, Luxúria e Morte"

"A volta dos Satyros não podia ser melhor. E até necessária, pelo que significa de recuperação de um teatro verdadeiramente teatral, se me permitem a expressão, cheio de vida e gosto por fazer do palco um lugar mágico, de sustos, risos, lágrimas e... ternura". Fausto Fuser, *Media Cast*, São Paulo, junho de 2001, sobre "Retábulo da Avareza, Luxúria e Morte"

"O limiar entre o burlesco e poético é alcançado com maestria pelo diretor Rodolfo García Vázquez, que utiliza diversos recursos de linguagem – como os belos momentos de teatro de sombras e as marionetes –, em espetáculo que diverte e emociona. A qualidade dos intérpretes, sobretudo a construção apaixonada e comovente de Ivam Cabral, também é destaque do espetáculo". Michel Fernandes, *Último Segundo*, São Paulo, junho de 2001, sobre "Retábulo da Avareza, Luxúria e Morte"

"O rádio tem um efeito dramático forte, tanto no cinema como no teatro. Há um forte contraponto entre o isolamento da personagem e o mundo real que chega pelas notícias. O texto evoca uma década de acontecimentos graves no país e no mundo." Jefferson Del Rios, *BRAVO!*, São Paulo, julho de 2001, sobre "Quinhentas Vozes"

"A comovente e forte interpretação da excelente atriz curitibana Silvanah Santos, contribui para a sutil e delicada encenação. Silvanah não recorre aos fáceis estereótipos para expor a passagem temporal e a mudança dos caracteres da mulher. Em olhares, nuances gestuais, e uma vasta palheta de timbres vocais, vai delineando a personalidade de uma mulher que sofre, sonha, ama, vive. A direção, de Rodolfo García Vázquez, utiliza os varais, os lençóis, a beleza cotidiana contribuindo à poesia do espetáculo. A escolha da trilha musical (Ivam Cabral) e a talentosa performance dos músicos Álvaro Bittencourt e Mário da Silva, também são destaques em Quinhentas Vozes." Michel Fernandes, *Último Segundo*, São Paulo, julho de 2001

"A montagem tem bom ritmo e entretém o espectador." Fernando Klug, *Jornal do Estado*, Curitiba, agosto de 2001, sobre "Romeu e Julieta"

"A direção opta por respeitar a inteligência do público ao não banalizar o texto e traduzir a poesia em prosa fácil." Fernando Klug, *Jornal do Estado*, Curitiba, agosto de 2001, sobre "Romeu e Julieta"

"São duas trupes que têm em comum currículos com experiências internacionais, repertórios que abrem amplo espaço para projetos radicais e integrantes workaholics. As companhias Os Satyros (30 espetáculos em 12 anos) e Taanteatro (22 em 10 anos) integram hoje um importante grupo de artistas brasileiros que investiga a linguagem teatral." Alberto Guzik, *O Estado de S.Paulo*, setembro de 2001

"Povoado por belas mênades e versos sobre o erotismo e morte, paixão e vida, Sappho de Lesbos é um espetáculo obrigatório." Cristian Avello Cancino, *IstoÉ Gente*, São Paulo, outubro de 2001

"A encenação de Rodolfo García Vázquez é impressionante." Michel Fernandes, *Último Segundo*, São Paulo, abril de 2002, sobre "De Profundis"

"O melhor de Oscar Wilde está em cartaz em São Paulo num dos melhores espetáculos da atualidade." Antonio Carlos Prado, *IstoÉ*, São Paulo, maio de 2002, sobre "De Profundis"

"Uma peça original, criativa e poética. (...) Este clima fantástico é traduzido com perfeição também por todo o visual (...) interpretado com muita competência por Ivam Cabral." Maria Lúcia Candeias, *Gazeta Mercantil*, São Paulo, maio de 2002, sobre "De Profundis"

"A great presentation by Os Satyros." Jefferson Del Rios, BRAVO!, São Paulo, May 2001, about "Retábulo da Avareza, Luxúria e Morte"

"Astounding performance by Ivam Cabral." Jefferson Del Rios, BRAVO!, São Paulo, May 2001, about "Retábulo da Avareza, Luxúria e Morte"

"The return of Os Satyros couldn't be better. And necessary even, through what the recovery of a truly theatrical theater means, if you can excuse the expression, full of life and flavor for making the stage a place of magic, a place of fright, laughter, tears and... tenderness." Fausto Fuser, Media Cast, São Paulo, June 2001, about "Retábulo da Avareza, Luxúria e Morte"

"The threshold between the burlesque and poetic is achieved with majesty by director Rodolfo García Vázquez, who uses diverse language resources – such as the beautiful moments of shadow plays and marionettes –, in a fun and touching presentation. The quality of the interpreters, above all the passionate and moving construction of Ivam Cabral, is another highlight of the stage performance". Michel Fernandes, Último Segundo, São Paulo, June 2001, about "Retábulo da Avareza, Luxúria e Morte"

"Radio has a strong dramatic effect, both in cinema and theater. There is a strong counterpoint between the isolation of the character and the real world that arrives through the news. The text evokes a decade of serious events in the country and the world." Jefferson Del Rios, BRAVO!, São Paulo, July 2001, about "Quinhentas Vozes"

"A strong and moving interpretation by the excellent actress Silvanah Santos, contributes to the subtle and delicate staging. Silvanah doesn't turn to simple stereotypes to expose the passage of time and the changes in the character of the woman. The looks, the gestural nuances, and a vast range of vocal tones outline the personality of a woman that suffers, dreams, loves, lives. The direction, by Rodolfo García Vázquez, uses the clothesline, the sheets, the everyday beauty contributing to the poetry of the presentation. The choice of the score (Ivam Cabral) and the talented performance of musicians Álvaro Bittencourt and Mário da Silva, are also highlights in Quinhentas Vozes." Michel Fernandes, Último Segundo, São Paulo, July 2001

"The performance has a great rhythm and keeps the spectator entertained." Fernando Klug, Jornal do Estado, Curitiba, August 2001, about "Romeu e Julieta"

"The direction chooses to respect the intelligence of the public by not making the text banal and translating the poetry into simple prose." Fernando Klug, Jornal do Estado, Curitiba, August 2001, about "Romeu e Julieta"

"Two troupes that have international experience in common, along with repertoires that create broad space for extreme projects and workaholic members. The companies Os Satyros (30 plays in 12 years) and Taanteatro (22 in 10 years) are today part of an important group of Brazilian artists that investigate theatrical language." Alberto Guzik, O Estado de S.Paulo, September 2001

"Inhabited by beautiful maenads and verses about eroticism and death, passion and life, Sappho de Lesbos is a must-see performance." Cristian Avello Cancino, IstoÉ Gente, São Paulo, October 2001

"Rodolfo García Vázquez's staging is impressive." Michel Fernandes, Último Segundo, São Paulo, April 2002, about "De Profundis"

"The best of Oscar Wilde is running in São Paulo in one of the best theatricals of our time." Antonio Carlos Prado, IstoÉ, São Paulo, May 2002, about "De Profundis"

"An original, creative and poetic piece. (...) This fantastic atmosphere is translated with perfection also through the visual (...) performed with great skill by Ivam Cabral." Maria Lúcia Candeias, Gazeta Mercantil, São Paulo, May 2002, about "De Profundis"

"Obra-prima dos Satyros, o espetáculo é plasticamente de uma beleza excepcional como se estivéssemos diante dos quadros de Klint, direção impecável e talentosa de Rodolfo Garcia Vázquez." Roberto Nogueira, *Inverta*, São Paulo, maio de 2002, sobre "De Profundis"

"Ivam Cabral é Oscar Wilde da cabeça aos pés, o ator penetra até no subconsciente dele". Roberto Nogueira, *Inverta*, São Paulo, maio de 2002, sobre "De Profundis"

"É um espetáculo bastante singular. Não só por causa das parti-cularidades do texto que evoca, mas também por causa de sua montagem, plena de surpresas e encantamentos." Carlos de Arruda Camargo, *Anhembi-Morumbi*, São Paulo, maio de 2002, sobre "De Profundis"

"A beleza das formas, da música, enfim, dos sentidos estão todas ali, embaçadas pela memória." Carlos de Arruda Camargo, *Anhembi-Morumbi*, São Paulo, maio de 2002, sobre "De Profundis"

"Assistir a este espetáculo é poder compartilhar esses dois momentos, poeticamente articulados." Carlos de Arruda Camargo, *Anhembi-Morumbi*, São Paulo, maio de 2002, sobre "De Profundis"

"O texto de Cabral é dotado de uma poesia que emociona e incomoda ao mesmo tempo." Alberto Guzik, *O Estado de S.Paulo*, junho de 2002, sobre "De Profundis"

"O espetáculo tem grande força plástica e o diretor cria momentos de intensa beleza." Alberto Guzik, *O Estado de S.Paulo*, junho de 2002, sobre "De Profundis"

"O espetáculo reafirma o projeto dos Satyros, de investirem no experimental, na pesquisa, em lugar de procurarem reafirmar modelos narrativos testados e aprovados." Alberto Guzik, *O Estado de S.Paulo*, junho de 2002, sobre "De Profundis"

"Esta mistura de competência e um certo frescor fica bastante evidente na movimentação cênica – intensa, quase ininterrupta." Humberto Slowik, *Gazeta do Povo*, Curitiba, junho de 2002, sobre "Kaspar"

"Os Satyros conferem risco e beleza a Oscar Wilde." Valmir Santos, *Folha de S. Paulo*, agosto de 2002, sobre "De Profundis"

"Ivam Cabral é um dos melhores atores da, nada extensa, lista de maiores atores brasileiros. Está pleno em cena. Sua interpretação de Wilde é delicada e primorosa." Alessandra Marques, *Em Cartaz*, São Paulo, agosto de 2002, sobre "De Profundis"

"O diretor Rodolfo García Vázquez, valoriza o ator e a encenação de formas distintas mas igualmente importantes (...) e o faz com talento e clareza magníficas. Usa as aventuras e desventuras da vida de Wilde para colocar em foco a beleza e sensibilidade de sua obra." Alessandra Marques, *Em Cartaz*, São Paulo, agosto de 2002, sobre "De Profundis"

"O grupo Os Satyros, que manteve em Portugal nos anos 90 um núcleo de produção com o decisivo apoio de Maria do Céu Guerra, faz agora sua parte". Jefferson Del Rios, *BRAVO!*, São Paulo, novembro de 2002, sobre "Pranto de Maria Parda"

"Trabalho obrigatório e imperdível." Roberto Nogueira, *Inverta*, São Paulo, fevereiro de 2003, sobre "Pranto de Maria Parda"

"Aqui, sim, o sexo vaza para as ideias e transcende na carne, para deleite de todos." Valmir Santos, *Folha Online*, São Paulo, março de 2003, sobre "A Filosofia na Alcova"

"Rodolfo Garcia Vázquez é mestre em usar video no teatro. Mistura a linguagem numa fusão mágica e, a torna incrivelmente imprescindível. São usadas ainda outras técnicas modernas, como vozes metalizadas em alguns momentos do coro, que se movimenta em coreografias plásticas de luta. Usam máscaras e calçados com solas em plataforma e bastões nas mãos. Belíssimo. "Alessandra Marques, *Coluna Em Cartaz*, São Paulo, abril de 2003, sobre "Antígona"

"A masterpiece by *Os Satyros*, in terms of fine art the theatrical is of exceptional beauty, as though we are faced by Klint's paintings, with talented and impeccable direction by Rodolfo García Vázquez. Roberto Nogueira, Inverta, São Paulo, May 2002, about "De Profundis"

"Ivam Cabral is Oscar Wilde from head to toe, the actor even manages to penetrate his subconscious". Roberto Nogueira, Inverta, São Paulo, May 2002, about "De Profundis"

"It is a truly unique presentation. Not only because of the evoking particularities of the text, but also because of the performance, full of surprise and charm." Carlos de Arruda Camargo, Anhembi-Morumbi, São Paulo, May 2002, about "De Profundis"

"The beauty of the forms, the music, basically, all the feelings are there, obscured by memory." Carlos de Arruda Camargo, Anhembi-Morumbi, São Paulo, May 2002, about "De Profundis"

"Watching this theatrical is being able to share these two poetically articulated moments." Carlos de Arruda Camargo, Anhembi-Morumbi, São Paulo, May 2002, about "De Profundis"

"Cabral's text is gifted by a poetry that excites and disturbs at the same time." Alberto Guzik, O Estado de S.Paulo, June 2002, about "De Profundis"

"The piece makes a strong artistic impact and the director creates moments of intense beauty." Alberto Guzik, O Estado de S.Paulo, June 2002, about "De Profundis"

"The theatrical reaffirms Os Satyros' project, to invest in the experimental, in research, in a place to reaffirm tried and tested narrative models." Alberto Guzik, O Estado de S. Paulo, June 2002, about "De Profundis"

"This mix of skills and certain aplomb is very evident in the scenic movement – intense, almost uninterrupted." Humberto Slowik, Gazeta do Povo, Curitiba, June 2002, about "Kaspar"

"Os Satyros confer risk and beauty to Oscar Wilde." Valmir Santos, Folha de S.Paulo, August 2002, about "De Profundis"

"Ivam Cabral is one of the best actors of our, selected, list of Brazil's best actors. He dominates on stage. His interpretation of Wilde is delicate and exquisite." Alessandra Marques, Em Cartaz, São Paulo, August 2002, about "De Profundis"

"Director Rodolfo García Vázquez, enhances the attributes of the actor and the staging individually, but with equal importance (...) and he does it with magnificent talent and clarity. He employs the adventures and misadventures of the life of Wilde to put the beauty and sensitivity of his work in focus." Alessandra Marques, Em Cartaz, São Paulo, August 2002, about "De Profundis"

"The group *Os Satyros*, which maintained a production unit in Portugal in the 90s with the decisive support of Maria do Céu Guerra, is now doing its part." Jefferson Del Rios, BRAVO!, São Paulo, November 2002, about "Pranto de Maria Parda"

"An obligatory must-see project." Roberto Nogueira, Inverta, São Paulo, February 2003, about "Pranto de Maria Parda"

"Here, sex truly does leaks to ideas and transcends in flesh, to the delight of all." Valmir Santos, Folha Online, São Paulo, March 2003, about "A Filosofia na Alcova"

"Rodolfo García Vázquez is a master at using video in theater. He mixes language in a magical fusion and makes it incredibly indispensible. Other modern techniques are also used, such as metalized voices in certain moments of the choir, which move in artistically choreographed fight scenes. They use masks and shoes with platform heels and batons in their hands. Beautiful." Alessandra Marques, Coluna Em Cartaz, São Paulo, April 2003, about "Antígona"

"Pela notável adaptação, bom espetáculo e ótimos atores." Maria Lúcia Candeias, *Gazeta Mercantil*, São Paulo, abril de 2003, sobre "Antígona"

"Em plena hora do espanto, Os Satyros escancaram Bush nas imagens e palavras de Creonte." Valmir Santos, *Folha de S.Paulo*, abril de 2003, sobre "Antígona"

"O grupo Os Satyros, uma das mais importantes companhias do teatro experimental brasileiro." Cunha Junior, *Programa Metrópolis*, TV Cultura, São Paulo, abril de 2003, sobre "Antígona"

"Ao transpor a tragédia (...) para um espaço intimista, um teatro de câmara praticamente, Vázquez valoriza os detalhes e concentra na intimidade dos caracteres das personagens as engrenagens que movimentam a história. (...) O cenário despojado – tiras de panos que são movimentadas, como persianas –, e o figurino que recorre à época ressaltam, ainda mais, a idéia de entrecruzamento do clássico com o contemporâneo." Michel Fernandes, *Último Segundo*, São Paulo, maio de 2003, sobre "Antígona"

"O espetáculo não poupa nada da virulência do texto sadiano: masturbação, blasfêmia, ingestão de urina e fezes, estupro anal e matricídio vão da página escrita para a cena, sem sombras pudicas. A eventual indignação do espectador não tem por que endereçar-se à bravura dos atores. Melhor reservá-la para o que está sendo representado: a crueza das gestas de quem consegue abandonar a referência a qualquer valor (convencional ou divino)." Contardo Calligaris, *Folha de S.Paulo*, maio de 2003, sobre "A Filosofia na Alcova"

"Um dos méritos da adaptação de Vázquez, que realizou muitos cortes e algumas atualizações, foi a de manter o equilíbrio entre prática e teoria existente no texto original, sem cair na verborragia ou no excesso de cenas de sexo, o que resultaria em aparência de gratuidade. Outra qualidade da direção está em não temer as ideias de Sade, mas também não se deixar seduzir por elas. A montagem não resulta numa 'elegia' do mal nem na sua condenação, mas na 'constatação' de que ele existe." Beth Néspoli, *O Estado de S.Paulo*, maio de 2003, sobre "A Filosofia na Alcova"

"A Filosofia na Alcova reafirma os princípios do grupo, levando as transgressões de Sade até os limites da performance erótica, sem descuidar do acabamento estético, sobretudo nas soluções de cenografia." Sérgio Sálvia Coelho, *Folha de S.Paulo*, julho de 2003

"Os Satyros não são maneiristas obcecados que sucumbem à pornografia para criar um estilo. Se fazem tudo o que o marquês descreve em A Filosofia na Alcova – do sexo ao ritual escatológico que inclui um banho de urina – é por fidelidade ao rito teatral, e não ao marquês. Às vezes é preciso trair para ser fiel. E Sade cai em sua própria cilada ao ser envolvido na crise contemporânea de valores, no vale-tudo de uma sociedade materialista que desconhece seus limites. É preciso ver a peça para entender como uma perversão particular chegou às camadas mais populares, para as quais o assassinato passou a ser tão banal como nos escritos do marquês. Horror, sim, mas verdadeiro." Antonio Gonçalves Filho, *AOL*, São Paulo, agosto de 2003

"Texto, sonoplastia, trilha sonora e direção – brilhantes! - de Rodolfo García Vázquez, um dos fundadores do grupo, ganham a contemporaneidade que necessitam para mostrar valores (ou desvalores?) infelizmente atemporais." Adriana Marques, *Coluna Em Cartaz*, São Paulo, maio de 2004, sobre "Kaspar ou a Triste História do Pequeno Rei do Infinito Arrancado de sua Casca de Noz"

"Oferece momentos intensos e absorventes." Jefferson Del Rios, *BRAVO!*, São Paulo, maio de 2004, sobre "Kaspar ou a Triste História do Pequeno Rei do Infinito Arrancado de sua Casca de Noz"

"Os Satyros vem se firmando como uma das melhores entre aquelas do chamado teatro não convencional no País." Afonso Gentil, *Aplauso Brasil*, São Paulo, maio de 2004, sobre "Kaspar ou a Triste História do Pequeno Rei do Infinito Arrancado de sua Casca de Noz"

"A noteworthy adaptation, great performance and excellent actors." Maria Lúcia Candeias, Gazeta Mercantil, São Paulo, April 2003, about "Antígona"

"At the peak moment of awe, Os Satyros blatantly sprawled Bush in the images and words of Creon." Valmir Santos, Folha de S.Paulo, April 2003, about "Antígona"

"The group Os Satyros, one of the most important Brazilian experimental theater companies." Cunha Junior, Programa Metrópolis, TV Cultura, São Paulo, April 2003, about "Antígona"

"In transposing the tragedy (...) to an intimate space, practically a chamber theater, Vázquez enhances the details and focuses the gears that drive the story on the intimacy of the characters' attributes. (...) The bare scenario – strips of cloth that move like blinds –, and the costumes that recall the era, further reinforcing the idea of interweaving the classic with the contemporary." Michel Fernandes, Último Segundo, São Paulo, May 2003, about "Antígona"

"The theatrical performance spares none of the virulence of Sade's text: masturbation, blasphemy, ingestion of urine and feces, anal rape and matricide go straight from the written page to the stage, without chaste shadows. The occasional indignation of the spectator has no reason to be directed at the courage of the actors. It is better to reserve it for what is being represented: the crudeness of the gestures of those who manage to abandon reference at any cost (conventional or divine)." Contardo Calligaris, Folha de S.Paulo, May 2003, about "A Filosofia na Alcova"

"One of merits of Vázquez's adaptation, which included many cuts and some updates, was in maintaining balance between practice and the existing theory of the original text, without falling in to the trap of unending verbalization or excessive sex scenes, which would result in an appearance of wantonness. Another quality of the direction lies in it not being daunted by the ideas of Sade, but also in not being seduced by them. The performance does not result in an 'elegy' of evil nor in its condemnation, but rather in the 'conclusion' that it exists." Beth Néspoli, O Estado de S.Paulo, May 2003, about "A Filosofia na Alcova"

"A Filosofia na Alcova reaffirms the group's principles, taking Sade's transgressions to the limits of erotic performance, without neglecting the esthetic finish, especially in the scenographic solutions." Sérgio Sálvia Coelho, Folha de S.Paulo, July 2003

"Os Satyros are not obsessed mannerists who have succumbed to pornography to create a style. They perform everything the Marquis described in Philosophy in the Bedroom – from sex to eschatologic ritual that includes a shower of urine – and lastly to the theatrical ritual, and not to the Marquis. Sometimes it is necessary to betray in order to be loyal. And Sade falls in his own snare in becoming involved in the contemporary crisis of values, in a free-for-all of a materialist society that does not recognize its limits. It is necessary to see the piece to understand how private perversion reached the most popular levels, of which murders became as banal as those written by the Marquis. Horror, yes, but real." Antonio Gonçalves Filho, AOL, São Paulo, August 2003

"Text, sound design, score and direction – brilliant! - by Rodolfo García Vázquez, one of the group's founders, they gain the contemporaneity necessary for revealing regrettably timeless values (or a lack there of?)." Adriana Marques, Coluna Em Cartaz, São Paulo, May 2004, about "Kaspar ou a Triste História do Pequeno Rei do Infinito Arrancado de sua Casca de Noz"

"It offers intense and absorbing moments." Jefferson Del Rios, BRAVO!, São Paulo, May 2004, about "Kaspar ou a Triste História do Pequeno Rei do Infinito Arrancado de sua Casca de Noz"

"Os Satyros are establishing themselves as one of the best among the country's so-called unconventional theater." Afonso Gentil, Aplauso Brasil, São Paulo, May 2004, about "Kaspar ou a Triste História do Pequeno Rei do Infinito Arrancado de sua Casca de Noz"

"O que o público vê não é a reprodução de uma aldeia do século 19, mas jovens com bonés e andando em skate, uma feliz solução para demonstrar que o enigma de Kaspar Hauser (...) não se limita a si mesmo mas como figura exemplar da raça humana." Ubiratan Brasil, *Aplauso Brasil*, São Paulo, junho de 2004, sobre "Kaspar ou a Triste História do Pequeno Rei do Infinito Arrancado de sua Casca de Noz"

"A peça é de uma sensibilidade ímpar ao demonstrar que todos nós, sem exceção, lutamos, mesmo contra a nossa vontade, para sermos medianos e nos encaixar na grande máquina que se tornou o mundo." *Prutruscina*, São Paulo, junho de 2004, sobre "Kaspar ou a Triste História do Pequeno Rei do Infinito Arrancado de sua Casca de Noz"

"Essa criação do grupo Os Satyros é um voo alto, tem a ambição generosa de teatralizar uma experiência humana fundamental e experimentar meios de expressão de impacto, dirigidos ao mesmo tempo à compreensão e à emotividade do público." Mariangela Alves de Lima, *O Estado de S.Paulo*, junho de 2004, sobre "Kaspar ou a Triste História do Pequeno Rei do Infinito Arrancado de sua Casca de Noz"

"A despretensão e o aberto entusiasmo da montagem oferecem uma imperdível oportunidade de repensar o mundo a partir da Praça Roosevelt." Sérgio Sálvia Coelho, *Folha de S.Paulo*, junho de 2004, sobre "Kaspar ou a Triste História do Pequeno Rei do Infinito Arrancado de sua Casca de Noz"

"Kaspar é a metáfora do momento." Sérgio Sálvia Coelho, *Folha de S.Paulo*, junho de 2004

"De qualquer forma, Transex é uma peça para quem não acha que as e os transexuais sejam seres de outro mundo ou para os que querem parar de pensar assim." Contardo Calligaris, *Folha de S.Paulo*, outubro de 2004

"Transex, linda metáfora de quem possui o corpo de um sexo e a mente de outro." *Revista Época*, São Paulo, outubro de 2004

"Tudo funciona para envolver o espectador nessa viagem às sinuosidades da mente humana." Afonso Gentil, *Aplauso Brasil*, São Paulo, novembro de 2004, sobre "Transex"

"Transex nos transporta para além das aparências e nos conduz ao interior desse universo, revelando a humanidade dessas pessoas que a sociedade tende a tratar como aberrações, desde aspectos mais prosaicos de seu dia a dia – como a alegre caravana que vai 'embelezar' o corpo com um toque extra de silicone, a mesma atitude das mulheres de classe média que enriquecem." Beth Néspoli, *O Estado de S.Paulo*, novembro de 2004

"Fugir dos desdenhosos estereótipos cômicos para estabelecer uma vertente artística séria: eis a inovação dos Satyros." Jefferson Del Rios, *BRAVO!*, São Paulo, janeiro de 2005, sobre "Transex"

"Os melhores espetáculos foram Por Elise, do grupo Espanca!, de Belo Horizonte; "Suíte 1", da Cia. Brasileira de Teatro; e Cosmogonia, do grupo Os Satyros, ambos de Curitiba – o último tem outro núcleo em São Paulo." Valmir Santos, *Folha de S.Paulo*, março de 2005, ao fazer um balanço sobre a 14a. edição do Festival de Curitiba

"Cosmogonia, partindo de um texto difícil de Rodolfo Vázquez, triunfa pela engenhosidade do cenário". Sérgio Sálvia Coelho, *Folha de S.Paulo*, março de 2005

"Nessa encenação os recursos sonoros e cenográficos, ainda que muito bonitos, não chamam atenção para si, mas convergem de forma harmoniosa para que essa encenação intimista provoque no espectador uma profunda reflexão sobre as eternas perguntas sem resposta sobre a existência". Beth Néspoli, *O Estado de S.Paulo*, março de 2005, sobre "Cosmogonia – Experimento nº 1"

"O espetáculo já é em si emocionante." Roberta Oliveira, *O Globo*, Rio de Janeiro, março de 2005, sobre "Cosmogonia – Experimento nº 1"

"No terreno das experimentações, vale destacar Cosmogonia em cartaz no Espaço dos Satyros em Curitiba. Traz como diferencial um figurino para o público que entra numa UTI (é uma discussão metafísica), coisa que eu pessoalmente creio nunca ter visto." Maria Lúcia Candeias, *Gazeta Mercantil*, São Paulo, março de 2005

"What the public sees is not the reproduction of a 19th century village, but rather youths with caps skating, a joyous solution for demonstrating that the enigma of Kaspar Hauser (...) is not limited to himself alone but as an exemplary figure of the human race." Ubiratan Brasil, Aplauso Brasil, São Paulo, June 2004, about "Kaspar ou a Triste História do Pequeno Rei do Infinito Arrancado de sua Casca de Noz"

"The piece is of unparalleled sensitivity in showing that we all, without exception, fight, even against our own will, to be average and to fit in to the great machine that the world has become." Prutruscina, São Paulo, June 2004, about "Kaspar ou a Triste História do Pequeno Rei do Infinito Arrancado de sua Casca de Noz"

"This creation by the group Os Satyros reaches for the skies. It has the generous ambition of creating theater from a fundamental human experience and experimenting with stirring means of expression, while directed simultaneously at the comprehension and emotionality of the public." Mariangela Alves de Lima, O Estado de S.Paulo, June 2004, about "Kaspar ou a Triste História do Pequeno Rei do Infinito Arrancado de sua Casca de Noz"

"The honesty and enthusiastic opening of the presentation offer an unmissable opportunity to rethink the world starting from Praça Roosevelt." Sérgio Sálvia Coelho, Folha de S.Paulo, June 2004, about "Kaspar ou a Triste História do Pequeno Rei do Infinito Arrancado de sua Casca de Noz"

"Kaspar is a metaphor for the moment." Sérgio Sálvia Coelho, Folha de S.Paulo, June 2004

"Whatever the case, Transex is a theatrical piece for those who don't think transsexuals are beings from another world or for those who want to stop thinking that way." Contardo Calligaris, Folha de S.Paulo, October 2004

"Transex, a beautiful metaphor for one who has the body of one sex and the mind of another." Revista Época, São Paulo, October 2004

"Everything works to involve the spectator in this journey of the twists and turns of the human mind." Afonso Gentil Aplauso Brasil, São Paulo, November 2004, about "Transex"

"Transex takes us beyond appearances and carries us to the interior of this universe, revealing the humanity of these people that society tends to treat as deviants, from the most prosaic aspects of their daily lives – such as the joyful caravan wanting to 'beautify' the body with an extra touch of silicone, the same attitude as middle class women who become rich." Beth Néspoli, O Estado de S.Paulo, November 2004

"Avoiding the derogatory comical stereotypes to establish a serious artistic standpoint: such is the innovation of Os Satyros." Jefferson Del Rios, BRAVO!, São Paulo, January 2005, about "Transex"

"The best performances were Por Elise, by the group Espanca!, from Belo Horizonte; "Suíte 1", by Cia. Brasileira de Teatro; and Cosmogonia, by the group Os Satyros, both from Curitiba – the last has another unit in São Paulo." Valmir Santos, Folha de S.Paulo, March 2005, on discussing the 14th edition of the Curitiba Festival

"Cosmogonia, arising from a difficult text by Rodolfo Vázquez, triumphs through the ingenuity of the stage setting". Sérgio Sálvia Coelho, Folha de S.Paulo, March 2005

"In this staging, the sound and stage setting resources, although very beautiful, don't call attention to themselves, but converge in a harmonious manner so that this intimate act can provoke a deep reflection in the spectator about the eternal answerless enigmas regarding existence". Beth Néspoli, O Estado de S.Paulo, March 2005, about "Cosmogonia – Experimento nº 1"

"The performance itself is thrilling." Roberta Oliveira, O Globo, Rio de Janeiro, March 2005, about "Cosmogonia – Experimento nº 1"

"In the realm of experimentation, it is worth highlighting Cosmogonia, showing at Espaço dos Satyros in Curitiba. It uniquely presents costumes for the public entering an ICU (it is a metaphysical discussion), something I personally believe I have never seen." Maria Lúcia Candeias, Gazeta Mercantil, São Paulo, March 2005

"Interessados em encontrar uma cenografia criativa, não podem deixar de assistir Cosmogonia – um espetáculo-instalação em que os espectadores são envolvidos, junto com os atores, por um tecido com orifícios. A instalação obriga a plateia a mudar sua posição corporal nas alterações de cena. Com isso, modifica-se também o cenário." Joanita Ramos, *Gazeta do Povo*, Curitiba, março de 2005

"O experimento número um impressiona pelo trabalho teatral, que tem a participação do público vestido de médico e mergulha em várias dimensões da vida."*Diário de Pernambuco,* março de 2005, sobre "Cosmogonia – Experimento nº 1"

"Filhos legítimos de sua época, os Satyros batizam o trabalho como 'experimento', expressão que a montagem traduz muito bem, e que avança seus sentidos para além da indumentária que a plateia usa. O texto de Hesíodo é alquimizado sob um tratamento cênico que procura equilibrar, e equilibra com sucesso, o rigor do procedimento 'científico' à respiração desmedida da coisa poética – que o espetáculo, enfim, acaba por fazer prevalecer." Kil Abreu, *Diário do Fringe*, Curitiba, março de 2005, sobre "Cosmogonia – Experimento nº 1"

"Delicadeza e criatividade marcam Cosmogonia, peça interativa que acerta no tom e na forma de envolver o público." Mariangela Alves de Lima, *O Estado de S.Paulo*, junho de 2005

"No trabalho encenado agora pelo grupo Os Satyros, ocorre de um modo singelo e, talvez por essa razão, muito eficaz." Mariangela Alves de Lima, *O Estado de S.Paulo*, junho de 2005, sobre "Cosmogonia – Experimento nº 1"

"O resultado, arquitetado no roteiro com muita propriedade, é aquele que os estudos antropológicos vêm desvendando: há muita ciência na figuração dos mitos, assim como há um forte resíduo metafísico nas hipóteses científicas." Mariangela Alves de Lima, *O Estado de S.Paulo*, junho de 2005, sobre "Cosmogonia – Experimento nº 1"

"São muito bonitas as soluções do espetáculo, mas, mais do que isso, contribuem para integrar as áreas da representação e da plateia. Afinal, sob muitas formas, estamos sempre falando da vida, mas precisamos de ritos para falar dessa parte da vida que é a morte?" Mariangela Alves de Lima, *O Estado de S.Paulo*, junho de 2005, sobre "Cosmogonia – Experimento nº 1"

"Companhia paulistana faz sua 'obra-prima' baseada em montagem da dramaturga alemã Dea Loher." Sérgio Sálvia Coelho, *Folha de S.Paulo,* agosto de 2005, sobre "A Vida na Praça Roosevelt"

"Na fábula doce como sangue, a obra-prima dos Satyros." Sérgio Sálvia Coelho, *Folha de S.Paulo,* agosto de 2005, sobre "A Vida na Praça Roosevelt"

"A seriedade de A Vida na Praça Roosevelt não pode afastar ninguém interessado nos tipos humanos da polêmica praça que abriga o próprio Espaço dos Satyros." Afonso Gentil, *Aplauso Brasil*, São Paulo, setembro de 2005

"Com uma direção que, por vezes, dispensa o realismo e adota a fábula para aliviar a barra, Vázquez se apropria do lirismo de Loher, que faz dos tipos de A Vida na Praça Roosevelt cidadãos de qualquer canto. Nas atuações de Ivam Cabral, Ângela Barros e Soraya Aguillera, os destaques do elenco, essas criaturas transitam entre o irreverente e o trágico sem cair na incredulidade." Dirceu Alves Jr., *IstoÉ Gente*, São Paulo, setembro de 2005

"Não só a praça Roosevelt, com sua realidade de exclusões, é o foco mas também a vida em si, como aliás implícito no título. A vida de todos, em seu risco de solidão, fome de amor, angustiante sensação de que, como sugere uma personagem, ela está acontecendo "de verdade" em algum outro lugar que não na "praça" (na existência) que nos cabe neste latifúndio. Na montagem do grupo Os Satyros – sediado na própria praça Roosevelt –, a poesia e contundência do texto da alemã Dea Loher ficam bem salientadas." Caderno Mais, *Folha de S.Paulo*, setembro de 2005

"Those interested in finding creative scenography cannot miss out on *Cosmogonia* – a performance-installation in which the audience are involved, together with the actors, through a fabric with orifices. The installation forces the audience to change its body position during the scene changes, through this, the entire scenario changes." Joanita Ramos, Gazeta do Povo, Curitiba, March 2005

"Experimento número um is impressive through the theatrical work involved, which includes the participation of the public dressed as doctors while diving into several dimensions of life." Diário de Pernambuco, March 2005, about "Cosmogonia – Experimento nº 1"

"Legitimate children of their era, Os Satyros christened the project 'experimento'(experiment), an expression which the presentation translates very well, and which carries its sentiment beyond the apparel used by the audience. Hesíodo's text is alchemized through a scenic treatment that seeks to balance, and successfully balances, the severity of the 'scientific' procedure with the unrestrainable respiration of poetics – which the act, in the end, allows to dominate." Kil Abreu, Diário do Fringe, Curitiba, March 2005, about "Cosmogonia – Experimento nº 1"

"Delicacy and creativity are the predominant features of Cosmogonia, an interactive piece that involves the public in just the right tone and manner." Mariangela Alves de Lima, O Estado de S.Paulo, June 2005

"The project currently being staged by Os Satyros, occurs in a subtle and, perhaps for this reason, very effective manner." Mariangela Alves de Lima, O Estado de S.Paulo, June 2005, about "Cosmogonia – Experimento nº 1"

"The result, skillfully built around the script, is that which anthropological studies have been developing: there is a lot of science in the figuration of myths, just as there is a strong metaphysical remnant in scientific hypotheses." Mariangela Alves de Lima, O Estado de S.Paulo, June 2005, about "Cosmogonia – Experimento nº 1"

"The act's solutions truly are beautiful, but, more than that, they contribute in integrating the areas of representation with the audience. After all, in many ways, we are always talking about life, but do we need rites to talk about the part of life that is death?" Mariangela Alves de Lima, O Estado de S.Paulo, June 2005, about "Cosmogonia – Experimento nº 1"

"The São Paulo based company created its "masterpiece" based on the work of German playwright Dea Loher." Sérgio Sálvia Coelho, Folha de S.Paulo, August 2005, about "A Vida na Praça Roosevelt"

"In a fable sweet as blood, a masterpiece by Os Satyros." Sérgio Sálvia Coelho, Folha de S.Paulo, August 2005, about "A Vida na Praça Roosevelt"

"The earnestness of A Vida na Praça Roosevelt cannot discourage anyone interested in the controversial types of people from the square that houses the actual Espaço dos Satyros." Afonso Gentil, Aplauso Brasil, São Paulo, September 2005

"With direction that, at times, dispenses with realism and adopts the fable to alleviate the tension, Vázquez appropriates Loher's lyricism, which makes the folk of A Vida na Praça Roosevelt citizens of everywhere. In the performances by Ivam Cabral, Ângela Barros and Soraya Aguillera, the stars of the cast, these creatures move between the light-hearted and the tragic without creating incredulity." Dirceu Alves Jr., IstoÉ Gente, São Paulo, September 2005

"Not merely Praça Roosevelt, but also its reality of exclusion, are focused on along with life itself, as is implied in the title. The life of everyone, in its risk of solitude, hunger for love, its anguishing sensation that, as suggested by one character, it is "really" happening in some place other than the "square" (in existence) that puts us in this latifundium. In the play by the group Os Satyros – headquartered in Praça Roosevelt –, the poetry and forcefulness of the text by German Dea Loher are remarkably well presented." Caderno Mais, Folha de S.Paulo, September 2005

"Esse é o padrão localizado entre a realidade e a arte que a encenação persegue de diversas maneiras, para que entre os dois pólos surja a veracidade como o valor mais importante." Michael Laages, *Theater Heute*, Berlim, Alemanha, outubro de 2005, sobre "A Vida na Praça Roosevelt"

"E finalmente Phedra e seus amigos conseguiram trazer uma nova vida para a Praça Roosevelt." Silvia Stamen, *Süddeutsche Zeitung*, Munique, Alemanha, maio de 2006, sobre "A Vida na Praça Roosevelt"

"A Praça Roosevelt é um exemplo bem sucedido da interação da cultura com o ambiente social a partir de uma iniciativa privada." Silvia Stamen, *Süddeutsche Zeitung*, Munique, Alemanha, maio de 2006, sobre "A Vida na Praça Roosevelt"

"Os atores estão cheios de emoção e força e o diretor domina o Realismo através da forma, passando do clown para a revista, do cabaré para o ritual religioso e as figuras simbólicas." *Hamburger Abendblatt*, Hamburgo, Alemanha, Junho de 2006, sobre "A Vida na Praça Roosevelt"

"Um dos espetáculos de maior impacto das recentes temporadas." Dirceu Alves Jr. *IstoÉ Gente*, São Paulo, novembro de 2006, sobre "Inocência"

"A montagem é surpreendente pela elegância das soluções cênicas e pela performance de todos os atores." Contardo Calligaris, *Folha de S.Paulo*, dezembro de 2006, sobre "Inocência"

"Dirigido por Rodolfo García Vázquez o espetáculo entrelaça com equilíbrio e muita inventividade as metáforas poéticas e a observação do psiquismo, dois termos cuja alternância é a constante da peça." Mariangela Alves de Lima, *O Estado de S.Paulo*, dezembro de 2006, sobre "Inocência"

"Coerente e em sintonia com seu público desde a primeira produção, a companhia hanhou notoriedade ao chegar à Praça Roosevelt em 2000, no auge da degradação do lugar, transformando-se, em pouco tempo, numa possibilidade de revitalização do espaço urbano, do entorno por meio da cultura e das artes." Alexandre Staut, *Gazeta Mercantil*, São Paulo, janeiro de 2007

"Sem grandes exposições midiáticas (...) a companhia Os Satyros tornou-se pólo irradiador de cultura que responde de forma rápida aos anseios de um público que foge de produções óbvias e comédias comerciais." Alexandre Staut, *Gazeta Mercantil*, São Paulo, janeiro de 2007

"Seus trabalhos tratam de assuntos espinhosos de forma muito elegante, numa luta incondicional dos direitos humanos." Maria Lúcia Candeias, *Gazeta Mercantil*, São Paulo, janeiro de 2007

"Sinto que nos Satyros se processa uma nova forma de se produzir teatro." Sérgio Roveri, *Gazeta Mercantil*, São Paulo, janeiro de 2007

"A visão nada preconceituosa que trouxeram ao teatro tem contribuído de forma relevante para uma nova abordagem de temas tabus da sociedade brasileira. Isso sem contar na conduta cidadã que desenvolvem na Praça Roosevelt."

"Vázquez utiliza o recurso do teatro de sombras, o que resulta não só em um bonito efeito, como serve dramaticamente ao clima de mistério em torno da mulher de véu, cuja identidade custamos a conhecer." Beth Néspoli, *O Estado de S.Paulo*, fevereiro de 2007, sobre "Vestido de Noiva"

"É possível se fazer uma leitura que, sem desrespeitar o universo rodrigueano, livre-se de uma referência obrigatória à encenação de Ziembinski." Sérgio Sálvia Coelho, *Folha de S.Paulo*, fevereiro de 2007, sobre "Vestido de Noiva"

"Teatro de qualidade aberto ao público, e a prova definitiva de que Os Satyros não dependem de seu feudo na Praça Roosevelt para funcionar." Sérgio Sálvia Coelho, *Folha de S.Paulo*, fevereiro de 2007, sobre "Vestido de Noiva"

"Vestido de Noiva sai do museu – e já era hora." Sérgio Sálvia Coelho, *Folha de S.Paulo*, fevereiro de 2007

"This is the standard between reality and art that the staging seeks in a number of ways, so that truth appears between both poles as the most important value." Michael Laages, Theater Heute, Berlin, Germany, October 2005, about "A Vida na Praça Roosevelt"

"And finally Phedra and friends managed to bring new life to Praça Roosevelt." Silvia Stamen, Süddeutsche Zeitung, Munich, Germany, May 2006, about "A Vida na Praça Roosevelt"

"Praça Roosevelt is a successful example of the integration between culture and the social environment through a private initiative." Silvia Stamen, Süddeutsche Zeitung, Munich, Germany, May 2006, about "A Vida na Praça Roosevelt"

"The actors are filled with emotion and strength and the director dominates Realism though form, passing from clown to review, from cabaret to religious ritual and symbolic figure." Hamburger Abendblatt, Hamburg, Germany, June 2006, about "A Vida na Praça Roosevelt"

"One of the most powerful presentations in recent seasons." Dirceu Alves Jr. IstoÉ Gente, São Paulo, November 2006, about "Inocência"

"The play is inspiring through the elegance of the scenic solutions and through the performance put on by all the actors." Contardo Calligaris, Folha de S.Paulo, December de 2006, about "Inocência"

"Directed by Rodolfo García Vázquez, the play, with balance and much inventiveness, interlaces poetic metaphors and the observation of psychism, two terms whose alternation is a constant in the piece." Mariangela Alves de Lima, O Estado de S.Paulo, December de 2006, about "Inocência"

"Coherent and in tune with its public since the first production, the company gained notoriety when it settled in Praça Roosevelt in 2000, at the peak of the areas degradation, transforming it, in a very short period, into a possibility for the revitalization of urban space, of the surrounding area, by means of culture and art." Alexandre Staut, Gazeta Mercantil, São Paulo, January 2007

"Without huge media exposure (...) Os Satyros theater company has become an irradiating hub of culture that quickly responds to the anxiety of a public steering clear of obvious productions and commercial comedies." Alexandre Staut, Gazeta Mercantil, São Paulo, January 2007

"Their work deals with barbed subjects in a very elegant manner, in an unconditional fight of human rights." Maria Lúcia Candeias, Gazeta Mercantil, São Paulo, January 2007

"I feel as though Os Satyros have found a new way of producing theater." Sérgio Roveri, Gazeta Mercantil, São Paulo, January 2007

"The completely unprejudiced view they bring to theater has contributed in a truly relevant manner to a new approach of themes deemed taboo in Brazilian society. This is without mentioning the active citizenship they foster in Praça Roosevelt."

"Vázquez employs the resource of shadow theater, which results not only in a stunning effect, but also dramatically serves the atmosphere of mystery surrounding the veiled woman, whose identity we struggle to discover." Beth Néspoli, O Estado de S.Paulo, February 2007, about "Vestido de Noiva"

"It is possible to do a reading that, without disrespecting the Rodriguean universe, frees itself of an obligatory reference to Ziembinski's staging." Sérgio Sálvia Coelho, Folha de S.Paulo, February 2007, about "Vestido de Noiva"

"Quality theater open to the public, and definitive proof that Os Satyros don't depend on their fiefdom in Praça Roosevelt to function." Sérgio Sálvia Coelho, Folha de S.Paulo, February 2007, about "Vestido de Noiva"

"Vestido de Noiva has come out of the museum – and it's about time." Sérgio Sálvia Coelho, Folha de S.Paulo, February 2007

"A puerilidade assumida pela encenação faz com que o mergulho em Nelson seja tão atraente como uma vitrine na rua São Caetano. Claro que haverá outras com profundidades diferentes. Mas talvez nenhuma com tanto prazer de estar vivo – tema fundamental, talvez, de Vestido de Noiva." Sérgio Sálvia Coelho, *Folha de S.Paulo*, fevereiro de 2007

"Homem de cinema, Rubens Ewald Filho acerta ao não deixar a montagem tomar a forma de um culto religioso, embora a encenação mantenha um aspecto ritualístico propício ao palco. Doutrinar não é pretensão da montagem e essa é sua qualidade." Erika Riedel, *Jornal da Tarde*, fevereiro de 2007, sobre "Hamlet Gasshô"

"Acabo de ler Maldoror, na bem cuidada edição Quatro Textos para um Teatro Veloz (Imprensa Oficial), com as peças de Ivam Cabral. É leitura envolvente, que leva de cena em cena, menos entrecortada do que poderiam indicar Os Cantos de Maldoror, na tradução de Cláudio Willer publicada pela Iluminuras." Nelson de Sá, *Cacilda*, São Paulo, maio de 2007

"A história retrata a relação entre um funcionário público (Ivam Cabral), pai de família, e um travesti (Tiago Moraes). A delicadeza no tratamento do tema está em trazer à tona o que une dois personagens tão diferentes: a solidão existencial, metaforizada pelo vento do título, que chega à janela de ambos, e toca sonhos, desejos e medos." Beth Néspoli, *O Estado de S.Paulo*, maio de 2007, sobre "Vento nas Janelas"

"O tempo subjetivo, expandido pela falta de perspectiva comum aos personagens, é muito bem explorado. Vázquez e sua equipe de criação têm a inteligência de não temer silêncios. Por isso mesmo, eles acabam tão expressivos quanto as palavras nessa curta e densa ficção." Beth Néspoli, *O Estado de S.Paulo*, maio de 2007, sobre "Vento nas Janelas"

"Os Satyros deu novo fôlego ao teatro experimental paulista". Gabriela Mellão, *BRAVO!*, São Paulo, outubro de 2007

"A veemência do grotesco espanhol, combinada à exuberância brasileira é o segredo da montagem." Silvana Garcia, *Guia da Folha*, Folha de S.Paulo, dezembro 2007, sobre "Divinas Palavras"

"Mais uma vez, Os Satyros incomodam a burguesia latente nas morais contemporâneas, impondo ao público o suplício de se admitir desagradável. Caminhar pelas esferas do fazer produtificado, conforme as imbecilidades do mercado, seria destruir o que de mais saboroso há nos Satyros: o risco corajoso do incômodo. Em seus palcos é preciso reconhecer a importância de reencontrar o que ainda há de humano em nós, ainda que isso só seja possível pela falta de bons adjetivos." Ruy Filho, *Guia da Semana*, São Paulo, dezembro de 2007, sobre "Divinas Palavras"

"A Fauna é o espetáculo de que mais gostei dos Satyros, à primeira vista, em quase duas décadas." Nelson de Sá, *Cacilda*, São Paulo, março de 2008

"História singela – uma menina do interior persegue o sonho de casar vestida de noiva – tratada com profundidade e delicadeza, com boas atuações e ângulos de câmera bem sacados." Beth Néspoli, *O Estado de S.Paulo*, maio e 2008, sobre "A Noiva"

"As muitas tomadas externas resultam em imagens não só bonitas como dramaticamente densas e expressivas. O teleteatro A Noiva (...) poderia ser exibido em qualquer rede de televisão nacional, em horário nobre, e tem potencial para agradar ao grande público." Beth Néspoli, *O Estado de S.Paulo*, maio de 2008

"De grande coragem, dentro do sempre surpreendente repertório da companhia." Sérgio Sálvia Coelho, *Folha de S.Paulo*, maio de 2008, sobre "Divinas Palavras"

"Um transbordamento visual, algumas boas atuações, como a da protagonista (Cléo De Páris), um figurino digamos que surrealista, uma cenografia funcional, bom desenho de iluminação e comedimento na concepção da banda sonora, marcam o espetáculo de uma hora e trinta minutos de duração." *Programa del Mes*, Havana, Cuba, junho de 2008, sobre "Liz"

"The puerility taken on by the staging makes the dive into Nelson as attractive as a store window on rua São Caetano. Of course there will be others with different depths. But perhaps none other with as much pleasure as this live one – the fundamental theme, perhaps, of *Vestido de Noiva*." Sérgio Sálvia Coelho, Folha de S.Paulo, February 2007

"Cinema man, Rubens Ewald Filho gets it right in not letting the play take the form of a religious cult, even though the staging maintains a ritualistic aspect suited to the stage. It is not the act's intention to indoctrinate, and this is its quality." Erika Riedel, Jornal da Tarde, February 2007, about "Hamlet Gasshô"

"I've just finished reading Maldoror, in a well cared for edition of Quatro Textos para um Teatro Veloz (Imprensa Oficial), with pieces by Ivam Cabral. It is very involving reading, which carries one from scene to scene, less fragmented than the translation of OS Cantos de Maldoror, by Cláudio Willer and published by Iluminuras, could show." Nelson de Sá, Cacilda, São Paulo, May 2007

"The story portrays the relationship between a public servant (Ivam Cabral), father of the family, and a transvestite (Tiago Moraes). The delicacy in dealing with the topic is in fully exposing what unites two such different people: existential solitude, metaphorized through the wind of the title, which arrives at the windows of both, carrying dreams, desires and fears." Beth Néspoli, O Estado de S.Paulo, May 2007, about "Vento nas Janelas"

"The subjective time, expanded by the lack of perspective common to the characters, is very well explored. Vázquez and his creation team have the intelligence not to fear silences. For this very reason, they end up as expressive as words in this short and dense fiction." Beth Néspoli, O Estado de S.Paulo, May 2007, about "Vento nas Janelas"

"Os Satyros has breathed a breath of fresh air into São Paulo's experimental theater scene." Gabriela Mellão, BRAVO!, São Paulo, October 2007

"The vehemence of the Spanish antics, added to the Brazilian exuberance is the secret behind the presentation." Silvana Garcia, Guia da Folha, Folha de S.Paulo, December 2007, about "Divinas Palavras"

"Once again, Os Satyros disturb the latent middle class in contemporary morals, imposing on the public the agony of admitting how disgusting they are. Passing through the spheres of productified actions, in accordance with the imbecilities of the market, would be to destroy the best there is in Os Satyros: the courageous risk of disturbing. On its stages it is necessary to recognize the importance of reencountering what humanity is still within us, even though this is only possible due to the lack of good adjectives." Ruy Filho, Guia da Semana, São Paulo, December 2007, about "Divinas Palavras"

"A Fauna is the performance I most enjoyed by Os Satyros, after the first viewing, in almost two decades." Nelson de Sá, Cacilda, São Paulo, March 2008

"A simple story – a girl from the country side chasing the dream of getting married dressed as a bride – approached with depth and delicacy, with great performances and well planned camera angles." Beth Néspoli, O Estado de S.Paulo, May 2008, about "A Noiva"

"The many external takes result in images less beautiful that what they are dramatically dense and expressive. The A Noiva tele-theater (...) could be shown on any national television network, during the prime time slot, and have the potential to please the wider public." Beth Néspoli, O Estado de S.Paulo, May 2008

"Greatly courageous, within an always astounding company repertoire." Sérgio Sálvia Coelho, Folha de S.Paulo, May 2008, about "Divinas Palavras"

"A visual flood, some good performances, such as the lead (Cléo De Páris), costume design we could describe as surrealist, functional stage setting, great lighting design and restraint in the conception of the soundtrack, create a theatrical performance of one hour and thirty minutes." Programa del Mes, Havana, Cuba, June 2008, about "Liz"

"Uma sucessão de ações, de atmosferas, de situações dramáticas, de intensa teatralidade." *Programa del Mes*, Havana, Cuba, junho de 2008, sobre "Liz"

"Resulta a inversão do gênero teatral para obter através da paródia, da farsa, do cabaré, uma profunda reflexão sobre a tristeza, a solidão e os erros implícitos na arte de governar a terra ou o céu." Agnieska Hernánder Días, Havana, Cuba, junho de 2008, sobre "Liz"

"Um figurino sem outros adjetivos além de extraordinário. Elaborados com tecidos de estampas refinadas, os diferentes figurinos trazem um tópico contracultural de aparência hippie e inquestionável glamour, que harmoniza com a gestualidade alegre que os atores assumem." Agnieska Hernández Diaz, Havana, Cuba, junho de 2008, sobre "Liz"

"Tenho a impressão que Reinaldo Montero e Rodolfo García Vázquez, por contraste, fazem uma boa mistura." Agnieska Hernández Díaz, Havana, Cuba, junho de 2008, sobre "Liz"

"Agora, em Sonilum, Os Satyros mostraram porque chegaram ao status de ser a principal companhia do teatro brasileiro, em três apresentações que certamente não serão esquecidas pelo público de Santa Cruz de la Sierra." *El Nuevo Dia*, Santa Cruz de la Sierra, Bolívia, outubro de 2008 sobre "A Filosofia na Alcova"

"Ao terminar a apresentação, os espectadores ficaram imóveis em seus assentos, estupefatos e confusos. Demoraram a se recuperar da perversão, da libertinagem, da violência e da repugnância que A Filosofia na Alcova causou." Juan Pablo Rodriguez, *El Deber*, Santa Cruz de la Sierra, Bolívia, novembro de 2008

"O domínio de cena que os atores possuem é digno de destaque, valentes verdadeiros que interpretam o lado mais desumano, ruim e obsessivo do ser humano." Juan Pablo Rodríguez, *El Deber*, Santa Cruz de la Sierra, Bolívia, novembro de 2008, sobre "A Filosofia na Alcova"

"A utilização de recursos como a iluminação, a música e a marcação cênica faz com que exista um dinamismo que mantém a atenção em uma reflexão constante sobre a conduta humana quando aban-donada aos instintos e às paixões. Há referências às limitações que os conceitos morais, políticos e religiosos provocam ao prazer e à libertinagem. Sem dúvida, A Filosofia na Alcova é uma experiência onde o sangue, a urina, o sêmen, o excremento, o suor e a saliva nos fazem refletir." Juan Pablo Rodríguez, *El Deber*, Santa Cruz de la Sierra, Bolivia, novembro de 2008

"O espetáculo de Rubens Ewald Filho, conhecido jornalista cinematográfico, é a homenagem dele ao reino dos filmes enquanto pisa o terreno do teatro. A adaptação de Germano Pereira une informações sobre Lawrence com o entrecho amoroso. Há equilíbrio – bons cortes e edição – nessa escolha." Jefferson Del Rios, *O Estado de S.Paulo*, dezembro de 2008, sobre "O Amante de Lady Chatterley"

"O Espaço dos Satyros é um lugar muito importante para as pessoas que gostam de teatro em São Paulo." *Guia da Semana*, São Paulo, janeiro de 2009

"Exige estômago forte de quem faz e de quem assiste. Politicamente incorreta, a peça diverte com tiradas das quais as pessoas têm vergonha de rir." Dirceu Alves Jr., *Veja São Paulo*, fevereiro de 2009, sobre "Monólogo da Velha Apresentadora"

"No meio dessa caminhada que acaba de completar 20 anos, eles conquistaram a Europa, montaram Sade com maestria, reacenderam a cena teatral de São Paulo, invadiram a televisão e conseguiram alterar a geografia da Praça Roosevelt, no centro de São Paulo, com arte e diálogo." André Maleronka, *Ele Ela*, São Paulo, abril de 2009

"A sequence of actions, atmospheres, dramatic situations and intense theater." Programa del Mes, Havana, Cuba, June 2008, about "Liz"

"Result of the inversion of the theatrical genre to obtain, through parody, antics, and cabaret, a deep reflection on sadness, solitude and the unspoken errors in art that governs heaven and earth." Agnieska Hernánder Días, Havana, Cuba, June 2008, about "Liz"

"Costume design with no other adjectives than extraordinary. Created with fabric with refined patterns, the varied costumes produce a countercultural theme of hippie appearance and unquestionable glamour, which harmonizes with the cheerful expressions assumed by the actors." Agnieska Hernánder Días, Havana, Cuba, June 2008, about "Liz"

"I have the impression that Reinaldo Montero and Rodolfo García Vázquez, through contrast, make a great mix." Agnieska Hernánder Días, Havana, Cuba, June 2008, about "Liz"

"Now, in Sonilum, Os Satyros show why they have arrived at the status of being the leading theater company in Brazil, in three presentations that will certainly not be forgotten by the public of Santa Cruz de la Sierra." El Nuevo Dia, Santa Cruz de la Sierra, Bolivia, October 2008 about "A Filosofia na Alcova"

"At the end of the performance, the audience remained fixed to their seats, stupefied and confused. It took some time to recover from the perversion, the obscenity, the violence and the revulsion that A Filosofia na Alcova had caused." Juan Pablo Rodríguez, El Deber, Santa Cruz de la Sierra, Bolivia, November 2008

"The actors' stage presence is deserving of special mention, truly brave, they interpret the most inhumane, evil and obsessive side of the human being." Juan Pablo Rodríguez, El Deber, Santa Cruz de la Sierra, Bolivia, November 2008, about "A Filosofia na Alcova"

"The use of resources such as lighting, music and scene setting creates a dynamism that holds ones attention in a constant reflection about human conduct when given over to instincts and passion. There are references to the limitations that moral, political and religious concepts provoke through pleasure and lewdness. Without doubt, A Filosofia na Alcova is an experience in which blood, urine, semen, excrement, sweat and saliva make us think." Juan Pablo Rodriguez, El Deber, Santa Cruz de la Sierra, Bolivia, November 2008

"The theatrical by Rubens Ewald Filho, renowned cinematographic journalist, is his tribute to the realm of films while delving in the world of theater. The adaptation of Germano Pereira joins information about Lawrence with the amorous plot of the piece. There is balance – good cuts and editing – in this choice." Jefferson Del Rios, O Estado de S.Paulo, December 2008, about "O Amante de Lady Chatterley"

"Espaço dos Satyros is a very important place for people that like theater in São Paulo." Guia da Semana, São Paulo, January 2009

"It takes a strong stomach from those performing and those watching. Politically incorrect, the piece entertains through dialogue people are ashamed to laugh at." Dirceu Alves Jr., Veja São Paulo, February 2009, about "Monólogo da Velha Apresentadora"

"During this journey celebrating its 20th anniversary, they conquered Europe, presented Sade with mastery, reignited the theater scene in São Paulo, invaded television and managed to alter the geography of Praça Roosevelt, in the center of São Paulo, with art and dialogue." André Maleronka, Ele Ela, São Paulo, April 2009

"A Praça Roosevelt, em São Paulo, integrou o teatro à vida noturna da cidade. O lugar se tornou ponto de encontro de atores, diretores e aspirantes — e um exemplo de como as artes cênicas podem sobreviver sem ajuda estatal." Gabriela Mellão, *BRAVO!*, São Paulo, abril de 2009

"Os teatros pertencentes às trupes Os Satyros e Parlapatões consagraram um modelo de negócio que revolucionou o teatro de grupos no Brasil." Gabriela Mellão, *BRAVO!*, São Paulo, abril de 2009

"A encenação de Justine é reveladora da experiência acumulada. É plena de soluções surpreendentes, algumas brilhantes, na direção segura de Vázquez. Reentrâncias sob uma plataforma servem à perfeição como celas de um convento; o mezanino pode abrigar ora o júri em um julgamento, ora a plateia ruidosa na reconstituição de um crime; nem a escada que leva à saída é desprezada. Beth Néspoli, *O Estado de S.Paulo*, abril de 2009

"Justine encerra com chave de ouro a Trilogia Libertina." Michel Fernandes, *Aplauso Brasil*, São Paulo, abril de 2009

"Encerrando a Trilogia Libertina, o espetáculo certamente será dos grandes desse ano." Michel Fernandes, *Aplauso Brasil*, São Paulo, abril de 2009, sobre "Justine"

"Vázquez valoriza o texto poético e cheio de metáforas cifradas de Montero, acelerando o ritmo da encenação e exigindo um máximo de energia dos atores." Luiz Fernando Ramos, *Folha de S.Paulo*, maio de 2009, sobre "Liz"

"Com poucos recursos cenográficos e um grande investimento nos adereços, como o filó que encapa a cabeça dos personagens já mortos que permanecem em cena, consegue revelar a essência da trama desenhada por Montero." Luiz Fernando Ramos, *Folha de S.Paulo*, maio de 2009, sobre "Liz"

"O elenco responde às demandas do encenador de forma homogênea, mas Ivam Cabral, na pele do dramaturgo elizabetano Christopher Marlowe, destaca-se sobremaneira e garante os melhores momentos do espetáculo. O próprio Cabral assina a trilha musical, traçada à base de músicas da jovem guarda brasileira e dos Beatles, mas com bons momentos instrumentais." Luiz Fernando Ramos, *Folha de S.Paulo*, maio de 2009, sobre "Liz"

"Trabalha personagens da história europeia, sincronizados tempo-espacialmente em estrutura dramática, para falar de questões cubanas por meio de uma irreverente companhia brasileira." Luiz Fernando Ramos, *Folha de S.Paulo*, maio de 2009, sobre "Liz"

"Liz é um curioso espécime do teatro latino-americano." Luiz Fernando Ramos, *Folha de S.Paulo*, maio de 2009

"É mais uma das audaciosas criações do grupo." Jefferson Del Rios, *O Estado de S.Paulo*, maio de 2009, sobre "Liz"

"Linguagem atraente, sobretudo na forma como o tempo é trabalhado – com silêncios e imagens – para criar uma atmosfera de suspense com pitadas de realismo fantástico." Beth Néspoli, *O Estado de S.Paulo*, maio de 2009, sobre "Além do Horizonte"

"Um grupo de teatro que se tornou ícone de uma geração em São Paulo." Gustavo Fioratti, *Revista da Folha*, Folha de S.Paulo, maio de 2009

"A montagem é vista como um sopro de renovação artística, tanto pelo figurino lisérgico como pela interpretação comportada." Gustavo Fioratti, *Revista da Folha*, Folha de S.Paulo, maio de 2009, sobre "Liz"

"Praça Roosevelt, in São Paulo, has integrated theater to the city's night life. The place has become a meeting point for actors, directors and aspirants – and an example of how scenic arts can survive without state government assistance." Gabriela Mellão, BRAVO!, São Paulo, April 2009

"The theaters belonging to the troupes Os Satyros and Parlapatões have established a business model that has revolutionized group theaters in Brazil." Gabriela Mellão, BRAVO!, São Paulo, April 2009

"The staging of Justine is telling of the extent of accumulated experience. It is filled with overwhelming solutions, some brilliant, through Vázquez competent direction. Recesses below a platform serve perfectly as convent cubicles; the mezzanine first houses the jury in a trial, then the noisy audience in the reconstruction of a crime; not even the staircase leading to the exit is wasted." Beth Néspoli, O Estado de S.Paulo, May 2009

"Justine brings the Trilogia Libertina to a perfect close." Michel Fernandes, Aplauso Brasil, São Paulo, April 2009

"Bringing the Trilogia Libertina to a close, the theatrical piece certainly will be one of the greats this year." Michel Fernandes, Aplauso Brasil, São Paulo, April 2009, about "Justine"

"Vázquez enhances Montero's poetic, coded metaphor rich text, accelerating the rhythm of the staging and demanding maximum energy from the actors." Luiz Fernando Ramos, Folha de S.Paulo, May 2009, about "Liz"

"With few scenographic resources and a large investment in props, such as the tulle that cloaks the heads of dead characters that remain on stage, manage to reveal the essence of the plot created by Montero." Luiz Fernando Ramos, Folha de S.Paulo, May 2009, about "Liz"

"The cast responds to the demands of the stage director in a homogenous manner, but Ivam Cabral, in the skin of Elizabethan playwright Christopher Marlowe, provides an outstanding performance and guarantees the best moments in the theatrical. Cabral, himself, composed the score, based on music from the Brazilian "Jovem Guarda" movement and the Beatles, but also with great instrumental pieces." Luiz Fernando Ramos, Folha de S.Paulo, May 2009, about "Liz"

"It deals with characters from European history, time-spatially synchronized in a dramatic structure, to approach Cuban issues by means of a light-hearted Brazilian company." Luiz Fernando Ramos, Folha de S.Paulo, May 2009, about "Liz"

"Liz is a curious species of Latin American theater." Luiz Fernando Ramos, Folha de S.Paulo, May 2009

"It is yet another bold creation by the group." Jefferson Del Rios, O Estado de S.Paulo, May 2009, about "Liz"

"Attractive language, above all in the way time is dealt with – with silence and images – to create an atmosphere of suspense with pinches of fantastic realism." Beth Néspoli, O Estado de S.Paulo, May 2009, about "Além do Horizonte"

"A theater group which has become iconic of a generation in São Paulo." Gustavo Fioratti, Revista da Folha, Folha de S.Paulo, May 2009

"The presentation is seen as a breath of artistic renovation, both through the mind blowing costume design and the well performed interpretation. Gustavo Fioratti, Revista da Folha, Folha de S.Paulo, May 2009, about "Liz"

"Tenho uma admiração muito grande pelos Satyros, principalmente pelas transformações que eles promoveram no entorno de um teatro, na praça Roosevelt." Denise Fraga, *Revista da Folha*, Folha de S.Paulo, maio de 2009

"Os Satyros representam o teatro como energia viva, pulsante, no coração da cidade." Silvana Garcia, *Revista da Folha*, Folha de S.Paulo, maio de 2009

"Tenho uma relação de amizade com o grupo, que tem um teatro de vanguarda e merece ser fortalecido. Eles se instalaram na praça Roosevelt quando ela estava no auge da deterioração. Levaram gente para lá e atrairam outros grupos para prédios vizinhos." José Serra, governador de São Paulo, Revista da Folha, *Folha de S.Paulo*, maio de 2009

"Se tornaram uma referência na contramão do mainstream, com um espaço aberto a grupos experimentais e a novos nomes da dramaturgia." Maria da Paz Trefaut, *Valor Econômico*, São Paulo, maio de 2009

"Premiado em Cuba em 2008, o espetáculo — que celebra os 20 anos da Cia. Os Satyros, uma das mais importantes do país — faz uma crítica sobre o poder." Gabriela Mellão, *BRAVO!*, São Paulo, junho de 2009, sobre "Liz"

"Preste atenção: em como Vázquez se serve de estéticas inventivas para refletir sobre questões sociais atuais. Nesta peça, o painel histórico caótico é desenhado por meio de uma linguagem farsesca." Gabriela Mellão, *BRAVO!*, São Paulo, junho de 2009, sobre "Liz"

"A peça que encerra a Trilogia Libertina do grupo também é concebida com intensa criatividade." Gabriela Mellão, *BRAVO!*, São Paulo, junho de 2009, sobre "Justine"

"Uma injeção de ânimo marcou, no início dos anos 2000, o movimento de dramaturgos, diretores e atores que revitalizaram a Praça Roosevelt - capultada hoje ao posto de principal polo teatral da capital paulista. Responsável pela empreitada, a companhia Os Satyros." Luiz Felipe Reis, *Jornal do Brasil*, junho de 2009

"Rodolfo García Vázquez, de qualquer modo, busca manter vínculo direto com a contemporaneidade." Daniel Schenker Wajnberg, *Diário do Commercio*, Rio de Janeiro, julho de 2009, sobre "Os 120 Dias de Sodoma"

"Uma das boas surpresas que permeiam a fraca safra de produções atualmente em cartaz no Rio de Janeiro, sem sombra de dúvida, vem de terras paulistanas. A Mostra Satyros no Rio, no Teatro Sérgio Porto, trouxe ao todo cinco peças do repertório de um grupo com 20 anos de estrada e grande presença na cena teatral paulistana. É teatro de cia. feito com qualidade cênica." Alexandre Pontara, *Guia da Semana*, Rio de Janeiro, Julho de 2009

"O tratamento dado pela montagem é brilhante. Utiliza-se de todas as derivações do folhetim, entre as quais se inclui o cinema mudo, para formar sua linguagem teatral." André Tag, *Almanaque Virtual*, Rio de Janeiro, julho de 2009, sobre "Justine"

"É certamente digno de antologia dentre os melhores espetáculos deste ano. É a excelência do teatro paulista." André Tag, *Almanaque Virtual*, Rio de Janeiro, julho de 2009, sobre "Justine"

"Clássica, lúdica e com as pitadas kitsch dos Satyros, Liz é um ótimo exemplo do teatro que eles vêm fazendo há tempos na Praça Roosevelt, que já foi considerado marginal, já foi considerado transgressor, já virou cult e agora permanece como uma das grandes forças do teatro paulistano." Santiago Nazarian, *Jardim Bizarro*, São Paulo, agosto de 2009

"Justine é uma produção muito bem cuidada, envolvente, com uma narrativa ágil e boas interpretações." Valbene Bezerra, *Goiânia em Cena*, Goiânia, outubro de 2009

"I greatly admire Os Satyros, especially for the transformations they have been fostered in the theater's surroundings, in Praça Roosevelt." Denise Fraga, Revista da Folha, Folha de S.Paulo, May 2009

"Os Satyros represent theater with live, pulsing energy, right in the heart of the city." Silvana Garcia, Revista da Folha, Folha de S.Paulo, May 2009

"I have a friendly relationship with the group, which produces vanguard theater and deserves to be backed. They established themselves in Praça Roosevelt while it was at its peak of deterioration. They took people there and attracted other groups to the neighboring buildings." José Serra, Governor of São Paulo, Revista da Folha, Folha de S.Paulo, May 2009

"They have become a reference in the opposite to mainstream, with a space open to experimental groups and the new names in dramaturgy." Maria da Paz Trefaut, Valor Econômico, São Paulo, May 2009

"Awarded in Cuba in 2008, the show – celebrating 20 years of Cia. Os Satyros, one of the country's most important companies – criticizes power." Gabriela Mellão, BRAVO!, São Paulo, June 2009, about "Liz"

"Attention: notice how Vázquez uses inventive esthetics to reflect on current social issues. In this piece, the chaotic historical panel is designed through farce-like language." Gabriela Mellão, BRAVO!, São Paulo, June 2009, about "Liz"

"The piece closing the group's Trilogia Libertina is also conceived with intense creativity." Gabriela Mellão, BRAVO!, São Paulo, June 2009, about "Justine"

"At the beginning of the 21st century, an animated injection was apparent in the movement of playwrights, directors and actors that revitalized Praça Roosevelt – catapulted today to the position of leading theatrical hub in the São Paulo capital. And those responsible for the undertaking, the company Os Satyros." Luiz Felipe Reis, Jornal do Brasil, June 2009

"Rodolfo García Vázquez, in whatever fashion, strives to maintain a direct link to contemporaneity." Daniel Schenker Wajnberg, Diário do Commercio, Rio de Janeiro, July 2009, about "Os 120 Dias de Sodoma"

"One of the great surprises permeating the current weak season of productions on show in Rio de Janeiro, without a shadow of a doubt, comes from São Paulo. A Mostra Satyros in Rio, at Teatro Sérgio Porto, presented a total five pieces from the repertoire of the group, who have been on the road for 20 years and have enjoyed a huge presence in the São Paulo theater scene. It is company theater performed with scenic quality." Alexandre Pontara, Guia da Semana, Rio de Janeiro, July 2009

"The care taken in the presentation is brilliant. All the variations of the feuilleton are employed, among which are included silent cinema, to create its theatrical language." André Tag, Almanaque Virtual, Rio de Janeiro, July 2009, about "Justine"

"It is certainly deserving of the anthology of being among the best presentations this year. Excellent São Paulo theater." André Tag, Almanaque Virtual, Rio de Janeiro, July 2009, about "Justine"

"Classic, fun and with the kitsch touches of Os Satyros, Liz is an excellent example of the theater they have been creating for some time in Praça Roosevelt, which has already been considered both marginal and transgressive, it has become cult and now remains as one of the great forces of São Paulo theater." Santiago Nazarian, Jardim Bizarro, São Paulo, August 2009

"Justine is a production that has been very well planned, it is involving, with intelligent narrative and great performances." Valbene Bezerra, Goiânia em Cena, Goiânia, October 2009

"Com a exceção das peças do Teatro da Vertigem, da [diretora] Cibele Forjaz e dos Satyros, não há performance. Nos grupos, sobrou um teatro cuecão de esquerda." José Celso Martinez Corrêa, *Folha de S.Paulo*, outubro de 2009

HOMENAGEM

Ivam Cabral é homenageado pelo deputado Carlos Gianazzi na Assembleia Legislativa. (Novembro de 2008)

O evento Satyrianas – Uma Saudação à Primavera é incluído no Calendário Oficial do Estado de São Paulo, através da Lei nº 13.750, de 14 de outubo de 2009 (Projeto de Lei nº 741, de 2008, do Deputado Carlos Giannazi - PSOL)

MENÇÕES

"A Filosofia na Alcova" é recomendado pelo jornal O Estado de S.Paulo como um dos melhores espetáculos em cartaz na cidade. (Março de 2003)

Ao fazer um balanço sobre a 14ª edição do Festival de Teatro de Curitiba, o jornal Folha de S.Paulo classifica "Cosmogonia – Experimento nº 1" um dos 3 melhores espetáculos da mostra. (Março de 2005)

"Cosmogonia – Experimento nº 1" é recomendado pelo jornal O Estado de S.Paulo como um dos melhores espetáculos em cartaz na cidade. (Abril de 2005)

"Cosmogonia – Experimento nº 1 é eleito um dos 10 melhores espetáculos em cartaz na cidade, segundo a revista Veja São Paulo (Abril de 2005)

"A Vida na Praça Roosevelt" é eleito um dos 10 melhores espetáculos em cartaz na cidade, segundo a revista Veja São Paulo (Setembro de 2005)

Na edição de nº 100 da revista BRAVO!, que fez um ranking do melhor da cultura em oito anos (1997-2005), a "A Vida na Praça Roosevelt" aparece em 11º lugar (Dezembro de 2005)

"Os 120 Dias de Sodoma" é eleito um dos 10 melhores espetáculos em cartaz na cidade, segundo a revista Veja São Paulo (Outubro de 2006)

Paulo Autran afirma: "Vocês aqui no Satyros estão criando um belo movimento e eu não quero ficar de fora." (Abril de 2007)

A coluna Em Cena, de O Estado de S. Paulo backstage da cultura em São Paulo e coloca Os Satyros como destaque na categoria Teatro. (Julho de 2007)

"Cidadão de Papel" é recomendado pelo jornal O Estado de S.Paulo como um dos melhores espetáculos em cartaz na cidade. (Agosto de 2007)

A Folha de S.Paulo publica os 60 ícones de civilidade em São Paulo. Dois deles são dos Satyros: responsáveis pela revitalização da Praça Roosevelt e pela criação do Teatro da Vila. (Agosto de 2007)

O jornalista Ricardo Galhardo, de O Globo, faz um paralelo entre Os Satyros e o movimento teatral dos anos 60, com o título "Praça Roosevelt com cara de Arena." (Outubro de 2007)

Em uma de suas últimas entrevistas, Paulo Autran declara para a Folha Online: "Ivam Cabral é um gênio." (Outubro de 2007)

"Forma Breve - Teatro Mínimo" é publicado pela Universidade do Aveiro, em Portugal. O livro traz o artigo "De Profundis, de Ivam Cabral: teatro veloz com Oscar Wilde", assinado por António Manuel Ferreira, que faz uma profunda análise sobre dois dos quatro textos publicados no livro "O Teatro de Ivam Cabral" (Imprensa Oficial). Ferreira, o autor do artigo, finaliza seu trabalho com a seguinte frase: "O teatro veloz de Ivam Cabral e toda a atividade artística e cívica dos Satyros muito têm contribuído para dar dignidade visível a esse mundo particular que nos serve, ao longo da vida, de única morada verdadeira." (Novembro de 2007)

"With the exception of the pieces by *Teatro da Vertigem*, by [director] Cibele Forjaz and *Os Satyros*, there is no performance theater. In the groups, all that remains is a safe counterculture form of theater." José Celso Martinez Corrêa, Folha de S.Paulo, October 2009

TRIBUTE

Ivam Cabral is honored by Deputy Carlos Gianazzi at the Legislative Assembly. (November 2008)

The "Satyrianas – Uma Saudação à Primavera" event is included in the State of São Paulo's Official Calendar, through Law Nº 13.750, of October 14, 2009 (Project of Law Nº 741, of 2008, of Deputado Carlos Giannazi - PSOL)

HONORABLE MENTION

"A Filosofia na Alcova" is indicated by newspaper O Estado de S.Paulo as one of the best theatrical presentations showing in the city. (March 2003)

In discussing the 14th edition of the Curitiba Theater Festival, newspaper Folha de S.Paulo classified "Cosmogonia – Experimento nº 1" as one of the 3 best acts at the event. (March 2005)

"Cosmogonia – Experimento nº 1" is indicated by newspaper O Estado de S.Paulo as one of the best theatrical presentations showing in the city. (April 2005)

"Cosmogonia – Experimento nº 1" is selected one of the 10 best theatrical presentation showing in the city, according to magazine Veja São Paulo. (April 2005)

"A Vida na Praça Roosevelt" is selected one of the 10 best theatrical presentation showing in the city, according to magazine Veja São Paulo. (September 2005)

In the 100th edition of magazine BRAVO!, which created a ranking of the best in culture in eight years (1997-2005), "A Vida na Praça Roosevelt" appeared in 11th place. (December 2005)

"Os 120 Dias de Sodoma" is selected one of the 10 best theatrical presentations showing in the city, according to magazine Veja São Paulo. (October 2006)

Paulo Autran stated: "You here at Os Satyros are creating a beautiful movement and I don't want to miss out." (April 2007)

The 'Em Cena' (on stage) column, in O Estado de S.Paulo providing detail of São Paulo's culture lists Os Satyros as a highlight in the Theater category. (July 2007)

"Cidadão de Papel" is indicated by newspaper O Estado de S.Paulo as one of the best theatrical presentations showing in the city. (August 2007)

Folha de S.Paulo publishes the 60 icons of civility in São Paulo. Two of them are Os Satyros: responsible for the revitalization of Praça Roosevelt and for the creation of Teatro da Vila. (August 2007)

Journalist Ricardo Galhardo, from newspaper O Globo, compared Os Satyros to the theater movement in the 1960s, with the title "Praça Roosevelt com cara de Arena (Praça Roosevelt like an Arena)" (October 2007)

In one of his last interviews to Folha Online, Paulo Autran stated: "Ivam Cabral is a genius." (October 2007)

"Forma Breve - Teatro Mínimo" is published by Universidade do Aveiro, in Portugal. The book presents the article "De Profundis, de Ivam Cabral: teatro veloz com Oscar Wilde", by António Manuel Ferreira, who makes an in depth analysis about two of the four texts published in the book "O Teatro de Ivam Cabral" (published by Imprensa Oficial). Ferreira, author of the article, ends off his work with the following phrase: "The 'teatro veloz' (fast theater) of Ivam Cabral and all the artistic and civic activity from Os Satyros have greatly contributed in providing visual dignity to this private world that serves us, over life, as our only true home." (November 2007)

A pesquisadora Ana de Oliveira destaca, na Revista da Folha, do jornal Folha de S.Paulo, o trabalho dos Satyros na Praça Roosevelt, através de uma reflexão que aproxima a ação do grupo ao movimento cultural dos anos 60. Escreve: "Essa convergência plural em um espaço público metropolitano remete à atmosfera contracultural dos anos 60, cujos lemas eram o pacifismo e a diversidade. E o cenário multicultural, multirracial e multiexpressivo na linha "eu digo não ao não" o reveste do aspecto libertário contido na ideia de tropicália." (Novembro de 2007)

O portal UOL elege as Satyrianas um dos melhores eventos teatrais da cidade, ao lado do Thèâtre du Soleil, da "Rainha Mentira", de Gerald Thomas e de "O Avarento", de Paulo Autran. (Dezembro de 2007)

"Divinas Palavras" é eleito um dos melhores espetáculos de 2007, segundo o Guia da Folha, da Folha de S.Paulo. (Dezembro de 2007)

Segundo Dib Carmeiro Neto, do jornal O Estado de S.Paulo, a peça "Cidadão de Papel" é eleita, entre 10, o 2º melhor espetáculo infanto-juvenil de 2007. (Janeiro de 2008)

A revista Época São Paulo elenca Os Satyros, na 47ª posição, como uma das 50 razões para amar São Paulo. (Abril de 2008)

Marcelino Freire declara ao Jornal do Commercio de Pernambuco: "Ivam Cabral é um dos atores mais brilhantes que já vi. Grande, grande! Quando eu for ator, numa outra encarnação, quero ser o Ivam Cabral." (Agosto de 2008)

Ivam Cabral é eleito o Melhor Agitador Cultural da cidade pela coluna Em Cena, do jornal O Estado de S. Paulo. (Dezembro de 2008)

A revista Época elenca 45 paulistanos que têm a cara de São Paulo, Rodolfo Garcia Vázquez e Ivam Cabral estão entre eles. (Janeiro de 2009)

Ivam Cabral é uma das 20 personalidades a participar do projeto "Histórias que mudam o mundo", do Museu da Pessoa. (Setembro de 2009)

(SATYRIANAS – UMA SAUDAÇÃO À PRIMAVERA) Edição 2009

De 30 de outubro a 2 de novembro

Integram o evento 302 atrações, distribuídas em 37 espaços.

Pelo terceiro ano consecutivo, o evento traz o projeto DramaMix, dessa vez com a participação de 54 dramaturgos.

A livraria HQMix cria o projeto Os Satyros em Quadrinhos. Convida 60 cartunistas que elaboram uma HQ colaborativa a partir de roteiros escritos por 60 dramaturgos, que se inspiram no livro "Cia. de Teatro Os Satyros: um Palco Visceral", de Alberto Guzik.

Novos projetos integram o evento, entre eles: Residência, VisuMix, Sensorial e Palhaçada Geral.

Do projeto Residência participam os diretores Ruy Filho e Mário Bortolotto; os músicos André Sant'Anna e Vanessa Bumagny; e as bailarinas Helena Bastos e Rosa Mercoles que criam o Sátyras da Dança, para discutir a dança contemporânea.

O VisuMix, no estacionamento subterrâneo da Praça Roosevelt, abriga experiências de artes plásticas, videoarte e performance. Artistas como Guto Lacaz, Ivald Granato, Aguillar, Rick Castro, Dora Longo Bahia, Maurício Iannês e Helena Ignez participam do projeto, que tem a curadoria de Fabio Delduque.

A Tenda Sensorial traz o grupo Sensus que apresenta uma performance baseada em textos de Borges, Cortázar e Reilke, entre outros.

O Palhaçada Geral, comandado pelo grupo Parlapatões e pela Cooperativa Paulista de Circo, integra o evento com uma programação dirigida ao circo-teatro.

Pelo terceiro ano consecutivo o projeto FotoMix participa do evento.

Público: 54 mil pessoas.

In newspaper Folha de S.Paulo's Revista da Folha (magazine), researcher Ana de Oliveira highlights the work by Os Satyros in Praça Roosevelt, through a reflection that approximates the group's action to the cultural movement of the 1960s. She wrote: "This plural convergence in a metropolitan public space reminds one of the counterculture atmosphere of the 60s, which preached pacifism and diversity. And the multicultural, multiracial and multi expressive scenario of the line "I say no to no" cloaks it in the libertarian aspect contained in the idea of 'Tropicália'". (November 2007)

The website UOL selected 'Satyrianas' as one of the best theatrical events in the city, alongside Thèâtre du Soleil, from "Rainha Mentira", by Gerald Thomas and "O Avarento", by Paulo Autran. (December 2007)

"Divinas Palavras" is elected one of the best presentations of 2007, according to Guia da Folha, in Folha de S. Paulo. (December 2007)

According to Dib Carmeiro Neto, from newspaper O Estado de S.Paulo, the piece "Cidadão de Papel" is elected 2nd best, among 10, children's presentation in 2007. (January 2008)

Magazine Época São Paulo elects Os Satyros, in 47th place, as one of the 50 reasons to love São Paulo. (April 2008)

In a statement to Jornal do Commercio from Pernambuco, Marcelino Freire says: "Ivam Cabral is one of the most brilliant actors I have ever seen. Wonderful, just wonderful! When I'm an actor, in another life, I want to be Ivam Cabral." (August 2008)

Ivam Cabral is elected the Best Cultural Instigator of the city in the column 'Em Cena', in the newspaper O Estado de S. Paulo. (December 2008)

Magazine Época elects 45 people who best represent São Paulo, Rodolfo García Vázquez and Ivam Cabral are among them. (January 2009)

Ivam Cabral is one of 20 personalities participating in the project "Histórias que mudam o mundo (Stories that change the world)", at the Museu da Pessoa. (September 2009)

(SATYRIANAS – UMA SAUDAÇÃO À PRIMAVERA) 2009 Edition

From October 30 to November 2

The event will host 302 attractions, spread throughout 37 points.

For the third consecutive year, the event will be hosting DramaMix, this time with the participation of 54 playwrights.

Bookstore HQMix has created the project Os Satyros em Quadrinhos (Os Satyros in Comics), sixty cartoonists have been invited to develop a collaborative Comic Book using scripts written by 60 playwrights, inspired by the book "Cia. de Teatro Os Satyros: um Palco Visceral", by Alberto Guzik.

Several new projects are now part of the event, including: Residência, VisuMix, Sensorial and Palhaçada Geral.

Participating in the Residência project are directors Ruy Filho and Mário Bortolotto; musicians André Sant'Anna and Vanessa Bumagny; and ballet dancers Helena Bastos and Rosa Mercoles who created 'Sátyras da Dança', to discuss contemporary dance.

VisuMix, in the underground parking area in Praça Roosevelt, includes experiments in fine arts, video art and performance art. Artists such as Guto Lacaz, Ivald Granato, Aguillar, Rick Castro, Dora Longo Bahia, Maurício Iannês and Helena Ignez are taking part in the project, with curatorship by Fabio Delduque.

The Tenda Sensorial will play host to the group Sensus, presenting a performance based on texts by Borges, Cortázar and Reilke, among others.

Palhaçada Geral, led by the group Parlapatões and by Cooperativa Cooperativa de Circo, joins the event with a program aimed at circus-theater.

For the third consecutive year, the project FotoMix will be at the event.

Public: 54,000 people.

LEGENDAS CAPA E PÁGINAS INICIAIS | CAPTIONS COVER AND INITIAL PAGES

sobrecapa | jacket | Justine | 2009 | Elenco | Cast
capa | cover | Divinas Palavras | 2007 | Cléo De Páris

pág. | page 02 | Vestido de Noiva | 2008 | Ivam Cabral

pág. | page 05 | Kaspar ou a Triste História do Pequeno Rei do Infinito Arrancado de sua Casca de Noz | 2004 | Ivam Cabral, Irene Stefania

pág. | page 08 | A Vida na Praça Rossevelt | 2005 | Cenário | Set

pág. | page 10 | Vestido de Noiva | 2008 | Cléo De Páris

pág. | page 12 | Divinas Palavras | 2007 | Alberto Guzik e elenco | and cast

pág. | page 14 | A Vida na Praça Roosevelt | 2005 | Laerte Késsimos, Phedra D. Córdoba

pág. | page 15 | A Vida na Praça Roosevelt | 2005 | Nora Toledo, Cléo De Páris, Tatiana Pacor

pág. | page 16 | Justine | 2002 | Elenco| Cast

pág. | page 17 | Os 120 dias de Sodoma | 2006 | Elenco | Cast

pág. | page 19 | Inocência | 2006 | Silvanah Santos

pág. | page 20 | Inocência | 2006 | Angela Barros

pág. | page 22 | Antígona | 2003 | Ailton Rosa, Marco Moreira

pág. | page 26 | Espaço dos Satyros Dois | 2008 | Público | Audience

pág. | page 27 | Espaço dos Satyros Um | Cadeiras | Chairs

pág. | page 28 | Os Cantos de Maldoror | 1998 | Ivam Cabral, Silvanah Santos

pág. | page 32 | Os 120 dias de Sodoma | 2006 | Sabrina Denobile

pág. | page 35 | Inocência | 2006 | Angela Barros, Fabiano Machado

Formato fechado 28 x 30 cm
Tipologia DIN, Dax
Número de páginas 368
Papel capa Couché fosco 150 g/m^2
Papel sobrecapa Couché fosco 170 g/m^2
Papel miolo Couché fosco 150 g/m^2
Papel guarda Color Plus Los Angeles 180 g/m^2
Tiragem 1.000 exemplares

© Satyros, 2010

Biblioteca da Imprensa Oficial do Estado de São Paulo

Labaki, Aimar
    Os Satyros / Aimar Labaki [e] Germano Pereira - São Paulo :
Imprensa Oficial do Estado de São Paulo, 2010.
    368p. : il. color.

    ISBN 978- 85-7060-812-3

    1. Fotografia de palco – Brasil   2. Atores – Brasil - Retratos
3. Teatro – Brasil – Obras ilustradas 4. Satyros (Grupo de teatro).
I. Pereira, Germano. II. Título

                                            CDD 779.942 098 1

Índices para catálogo sistemático:

1. Fotografia de palco : Brasil 779.942 098 1
2. Brasil: Teatro : Obras ilustradasl 792. 098 1

Proibida a reprodução total ou parcial
sem a prévia autorização do editor

Direitos reservados e protegidos
(lei nº 9.610, de 19/02/1998)

Foi feito o depósito legal na Biblioteca Nacional
(lei nº 10.994, de 14/12/2004)

Impresso no Brasil 2010

Imprensa Oficial do Estado de São Paulo
Rua da Mooca, 1.921 Mooca
03103 902 São Paulo SP
sac 0800 01234 01
sac@imprensaoficial.com.br
livros@imprensaoficial.com.br
www.imprensaoficial.com.br

IMPRENSA OFICIAL DO ESTADO DE SÃO PAULO

DIRETOR INDUSTRIAL | **INDUSTRIAL DIRECTOR**
Teiji Tomioka

DIRETOR FINANCEIRO | **FINANCIAL DIRECTOR**
Clodoaldo Pelissioni

DIRETORA DE GESTÃO DE NEGÓCIOS | **BUSINESS MANAGEMENT DIRECTOR**
Lucia Maria Dal Medico

GERENTE DE PRODUTOS EDITORIAIS | **BUSINESS MANAGEMENT DIRECTOR**
Vera Lúcia Wey

COORDENADORA EDITORIAL | **EDITORIAL COORDINATOR**
Cecília Scharlach

ASSISTENTE EDITORIAL | **EDITORIAL ASSISTANT**
Edson Lemos

DESIGN GRÁFICO | **GRAPHIC DESIGN**
Carlos Magno Bomfim

DIREÇÃO DE ARTE | **ART DIRECTION**
Clayton Policarpo Vicente
Paulo Otávio

EDITORAÇÃO | **EDITING**
Emerson Brito
William F. Santos

REVISÃO | **REVISION**
Mitsue Morissawa
Ricardo Sampaio Mendes

TRADUÇÃO | **TRANSLATION**
Traduzca.com

ASSISTÊNCIA À EDITORAÇÃO | **EDITING ASSISTANCE**
Aline Navarro
Fernanda Buccelli
Marilena Camargo Villavoy
Paulo César Tenório

TRATAMENTO DE IMAGENS | **IMAGE PRODUCTION**
Anderson Lima
Leandro Branco
Leonídio Gomes
Tiago Cheregatti

CTP, IMPRESSÃO E ACABAMENTO | **CTP, PRINTING AND BINDING**
Imprensa Oficial do Estado de São Paulo

GOVERNO DO ESTADO DE SÃO PAULO
GOVERNADOR | **GOVERNOR**
Alberto Goldman

IMPRENSA OFICIAL DO ESTADO DE SÃO PAULO
DIRETOR-PRESIDENTE | **DIRECTOR-PRESIDENT**
Hubert Alquéres